U0509497

江湾：历史与风景

JIANGWAN LISHIYUFENGJING

陈祖恩 著

上海人民出版社　学林出版社

本书获虹口区宣传文化事业专项资金扶持

《江湾：历史与风景》

编纂委员会

主　任

　　　　吴　强

　　　　陈筱洁

委　员

　　　　苏　丽

　　　　冯谷兰（执行）

　　　　季建智

　　　　吴　斌

　　　　金一超

　　　　袁　媛

撰　稿

　　　　陈祖恩

策　划

　　　　虹口区地方志办公室

目 录

4

目 录

序　言

　　江湾是上海的富庶之乡，民风淳朴，物产富饶，距都市 20 余里，"其水自吴淞江屈曲入虬江，因曰江湾"，别号小桃源。千万亩田野，平坦畅茂，一丛一丛的青翠树林，与流水相映，令人意味其美。近代后，尤其上海独立建市后，原本僻处东北的江湾地区，相较人烟稠密的南市、闸北，具有独特的地理优势和发展空间，在城市化、工业化的道路上一马奔腾，大块的农田、蜿蜒的河流、蒿草旁的坟堆快速消退，代之以四通八达的道路、拔地而起的住宅、书声琅琅的校园。

　　1928 年，上海特别市设立江湾区，大大扩大江湾的范围。所谓小江湾（镇）、大江湾（区）之说，赋予江湾新的意义。就地域概念来说，上海除了公共租界、法租界以外，还有华界，即所谓"两界三方"。但是，旧时的华界主要是南市与闸北，江湾是华界的新兴区域，更是"大上海计划"市中心所在地。实施"大上海计划"，其核心是在租界的外围重建华界新都市，与外国列强势力抗衡，意图将上海建设成一个内联全国，外通四海，能"取租界而代之"的大都市，可以说，面目一新的江湾是华界之荣光，大上海之精粹。

　　作为上海地情的乡土教育，江湾的淞沪铁路、江湾医院、叶家花园、万国体育场、虬江码头以及"大上海计划"等，均是近代上海历史的重大事件，而教育空气之浓厚，在上海郊外的区域里，更值得关注。当居民仅 1131 户时，小学已有 4 所之多，以全国小学教育比较，已为不少。1921 年复旦大学自徐家汇迁来后，江湾迅速成为教育新区，大学有复旦、劳动、持志、法科，中学有立达、复旦实验、南洋商科、南洋女英专等。

随着淞沪铁路南北贯通，走马塘更东西绕行，市面为之振兴。近有江湾跑马场（又称万国体育场），赛马之季，颇足轰动全市，是时江湾道上，车马络绎，尤胜春明龙华道。清末民初，龙华寺院，江湾田野，成为上海郊游的著名风景。

江湾也是英勇慷慨之地。1932年一·二八事变，江湾成为日军攻击的战略重点。十九路军以江湾为全军据点，屡经激战，全成焦土。1937年八一三淞沪抗战，战局重心依然是江湾，中国军队将士浴血苦战，周围的村落，都变成一堆堆的废墟烬土。但是，江湾的每一个地名，都永远不可磨灭。从背负笠帽的十九路军英俊姿形，到英勇献躯的中国军队将士，他们在江湾的土地上，伴着云天与草野长眠。同时，英雄的江湾民众，在村庄全毁的惨状下，英勇助战，以大无畏的精神抵抗侵略。战后，自发建立"一二八忠烈墓"和"无名英雄墓"，让中华民族的爱国精神永远发扬。

江湾，从田野小镇到繁华都市之重要区域，世事沧桑，见证上海近代的历史。本书的资料来源于当时报刊、书籍、调查报告等，时有史料的海派味，文字的土泥味迎面而来，也许能让人领悟何以江湾的历史文化之味。

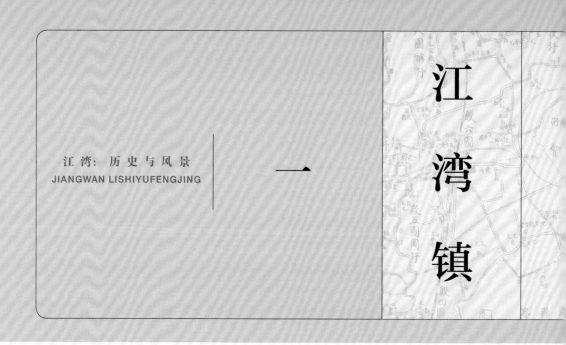

江湾：历史与风景
JIANGWAN LISHIYUFENGJING

一

江湾镇

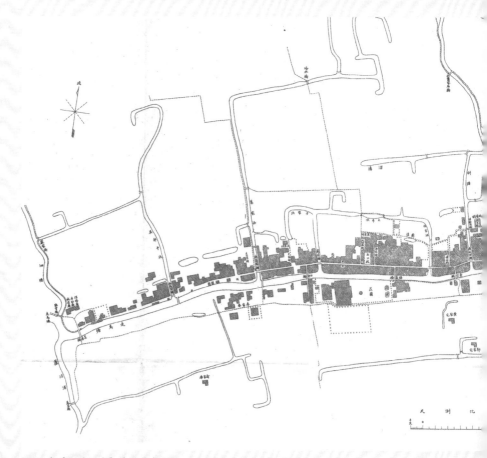

1924年《江湾里志》中的街坊图

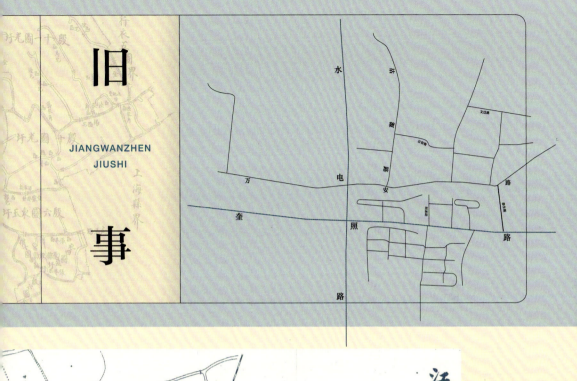

旧事

JIANGWANZHEN
JIUSHI

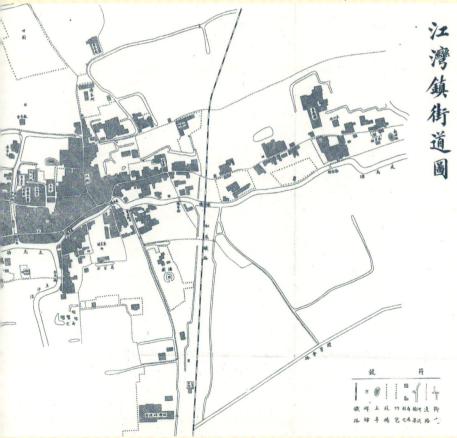

江灣鎮街道圖

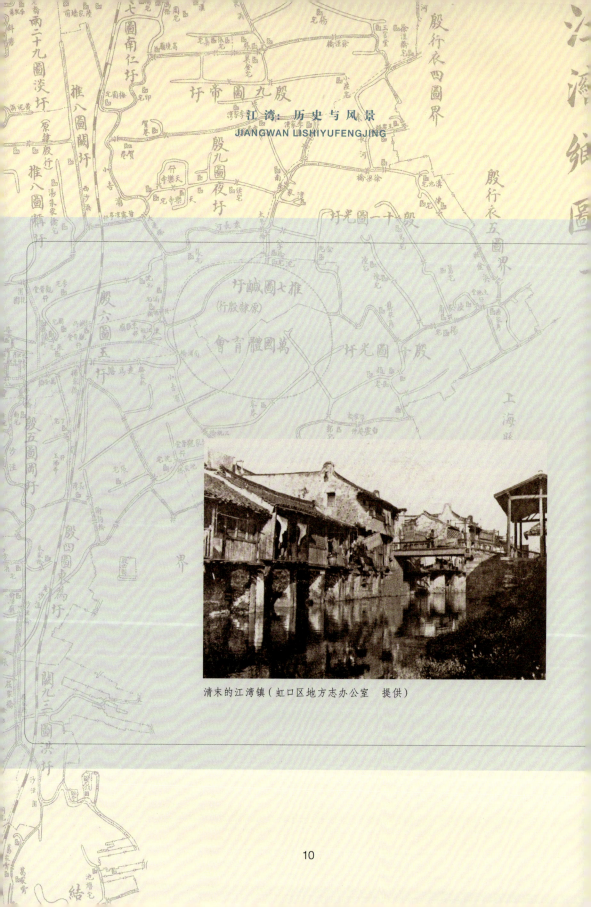

江湾: 历史与风景
JIANGWAN LISHIYUFENGJING

清末的江湾镇（虹口区地方志办公室　提供）

10

江湾镇以虬江得名，遂以名镇。曩昔海潮由镇东南虬江内贯，屈曲入走马塘，故又名小曲江。至清代乾嘉时（1736—1820），虬江堰塞，潮流更从东北入由吴淞海口内贯，经蕰藻浜而入走马塘。道光八年（1828），开浚沙泾，直达吴淞江。

江湾市始于宋，自胡陆湾桥起，沿河向东，坐落走马塘北岸，为四乡物产重要的集散地。迨至明嘉靖期间（1522—1566），遭倭寇之乱，荡然尽毁，既而生聚稍繁，就保宁寺东西营造肆屋，恢廓成镇，东自景德观，西迄今西庙（牛郎庙）止，计长 6 里，南北广 1 里。

开埠以来，随着淞沪铁路南北贯通，走马塘更东西绕行，江湾市面为之振兴。学校林立，各校附近住宅，日见添造，居民渐多。江湾镇又称老江湾，车站附近称新江湾，闹中取静，颇饶乡村趣味。

1931 年，复旦大学社会学系 56 位学生，分 19 组，以江湾镇为中心（东至走马塘及体育会路，西至严家桥，南至郑家桥，北至叶家桥、塔水桥，周围约 6 公里）进行社会调查，内容涉及行政机关、团体、学校、宗教、慈善、工厂、商店、家庭等。调查结论如下：

（一）江湾为上海教育区域，其地方充满教育空气，自不待言，居民仅 1131 户，而小学居然有 4 所之多，以全国小学教育比较，已为不少。

（二）慈善机构有 10 处之多，除救火会外，皆是属于上海市性质的，江湾适合于作慈善机构的地点。

（三）宗教机构之数，超过学校之数，几及一倍，宗教在地方上的影响，似乎远在教育之上。

（四）商店之中，以制造、饮食、服用为最多，而交通及教育性质的最少。以宗教性质的而言，占全部数量的 8.42%，可见宗教势力之强大。在 1131 户中，香烛纸箔店占 36 家之多，平均每 31 户有一家香烛纸箔店，可谓迷信程度在江湾是极深的。

（五）娱乐事业中，茶馆有 21 家。可见农民娱乐只有茶馆一种，而脚踏车行亦有 3 家，或是因路政发展之故，居民之运动爱好。

（一）饮食类	（二）服用类
杂粮米店（30）、点心店（18）、酱油酒店（13）、糖食店（12）、南货店（11）、制面店（11）、豆腐店（9）、肉店（8）、茶叶店（4）、面粉店（4）、卤肉店（4）、猪羊鸡鸭店（4）、蛋店（2）、水果店（2）、菜蔬店（2）、野味店（1）、鲜鱼店（1）、盐店（1）、汽水公司（1）、粥饭店（1）	成衣店（38）、理发店（15）、鞋帽店（12）、服饰店（9）、单鞋店（9）、布店（8）、针织店（2）、钟表店（2）、绸缎店（1）、针线店（1）、古玩店（1）、化妆品店（1）、银楼店（1）

在上述调查中，商店有 500 多家，可见其繁盛，其分类如下：

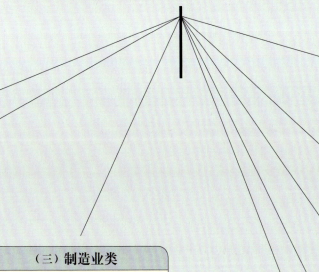

（四）教育类

纸店（3）、书店（2）、印刷店（1）

（五）宗教类

香烛纸箔店（36）、棺木店（8）、纸机店（1）、命馆（1）、赁业店（1）、爆竹店（1）

（六）娱乐艺术类

茶馆（21）、脚踏车行（3）、照相馆（1）

（七）交通类

旅馆（2）、汽车行（2）、人力车行（1）、转运行（1）

（八）卫生类

药材店（16）、医室（6）、镶牙店（1）、浴室（1）

（三）制造业类

杂货店（45）、藤竹器店（21）、木器店（19）、煤炭店（13）、水木作店（10）、铁店（9）、砖灰店（8）、香烟店（8）、绳子店（6）、洋铁店（5）、弹絮店（5）、扁担店（4）、油漆店（4）、陶器店（3）、伞店（3）、席子店（3）、花店（3）、铜钉店（2）、木作（2）、灯笼店（2）、棉花店（2）、电镀店（1）、修机器店（1）、纸盒店（1）、布帛店（1）、灰堆栈（1）、竹行（1）、木行（1）、车子店（1）、花纱店（1）

调查报告说，农民的娱乐只有茶馆一种。江湾镇周边的农民，几乎都从事蔬菜的生产，也呈现出发达现象。每日下午三四点钟，在江湾池沟浜与花园路间这一小段的万安路上，有七八百担的各种蔬菜停放着，贩菜的，买菜的，拥挤不堪。商店歇业以后的江湾大街之景，便是文章《长夜寂寂的江湾大街》中描述的图像：

江湾镇上的茶楼

"大街的东头有一家茶楼，它可算是江湾镇最大的茶楼了。一到黄昏，薄暮时的晚霞虽映射在每一个人的脸上，夜幕可已渐渐地张下，那家茶楼就成为最热闹喧嚷的地方了。白天在街上摆摊卖番薯白菜的乡人都一个个到茶楼去休息，他们的脸是紫铜色的，手臂和脚膀嵌着青而粗的筋。我说只有他们才是中国的生命。"

"他们一天的辛苦总算是完毕了，于是揩去了汗，一抹嘴，坐在长凳上，捧起了缺边的粗碗，满口喝着红茶。人生若是白天要辛苦，晚上也得劳作，人的意义就失去了。他们什么都要谈，一切听来的，看见的，或凭着自己浅薄的头脑幻想出来的，都是说不完的谈话资料。在黄昏的灯光之下，也许鹅毛月还挂在天空，高谈阔论，在夜色里消磨掉这一刹那的快乐。"

"往往是星期六的晚上，我们也高兴上那茶楼去品茗，买了二块香干和一包花生米，吃着谈着，看看旁边坐的乡人，兴高采烈，时常会令我幻想起种种不连贯的事情。他们是真的快乐吗？是树叶儿绿了黄，黄了枯，他们每晚都得上茶楼去，已成了习惯。待夜已深，人也乏了，才挑着空担儿在月亮或繁星的底下顺着小路，踏过石桥，向远远的茅屋走去。一忽儿，犬吠之声响起了，等你再也听不见什么声音的时候，他们已入睡乡了。"

根据商店分类，可见神佛信仰在江湾镇是极深的。玉佛寺，清光绪年间（1875—1908）建，初在江湾。相传寺中有玉琢卧佛一座，故亦名卧佛寺。寺不甚大，寺后有仙人洞，以石堆垒而成，形如古佛之龛，四周有小孔，人窃

江湾玉佛寺（虹口区地方志办公室　提供）

15

会仗中有闸北王家宅大力士加入，真刀真枪，比赛武艺，次如扮演烟徒乞丐，涕泗交流，再有数十人扮演农夫，手持耒锄，作劳工状，肉身队中某甲，臂悬70余公斤之铁盘，令观众色变。其余尚有同乐会的音乐队等，会仗长3里许，所迎神像，为镇海公、让海公、忠显王、忠定王、靖海王等，至晚上7时方散。

1926年赛神会，除肉身灯、大臂锣等，还有高跷上之三本铁公鸡，真刀真枪，令人怵目惊心。又有扮鸦片鬼数人，藉地吸烟，忽来一巡捕，捉将官里去，观众见之殊感发噱。

1934年在万安路东岳庙内迎武神刘老爷，庙内遍悬彩灯，香火缭绕，一般善男信女合十跪拜，沿途扮作魔鬼神，光怪陆离态度不一而足。中午，董家渡、闸北、潭子湾、高郎桥、引翔乡等处前来参会者，均齐集该处，有灯笼10余具暨行京戏亭子阁楼，及扮作三百六十行之小贩行会人员，男女均有，并有各县前来参加仪仗排练。下午3时正式举行出会，行程自江湾镇而引翔路至大场等处，沿途观众拥挤，水泄不通。江湾镇上汽车已无停靠之处，至晚上6时休会。

1935年4月30日，发生焚烧神像的极端事件。当天晚上江湾镇还在行会之际，突有江湾救火会队长许良佐等率领全体队员，号召闸北四段及吴淞、虹镇各救火会，以破迷信为由，于晨1时半将神像三尊，搬到牛郎庙内灌油焚烧。一些市民获知后，臂缠黑纱以示哀悼，并要求焚烧者按原样恢复神像，以平民愤。

同年5月9日，《申报》发表署名"行安"的文章，题目是"取缔迎神赛

江湾镇万安路弹格路铺成

万安路今貌（方忠麟　摄）

会"："查迎神赛会，既属迷信之举，又极劳民伤财，事实无益而有损。只因我国民自来迷信甚深，又缘于腐旧的风习，故时有这种愚债举动发生。而当局者为顺从人民心理起见，亦并不加以制止，因是此风至今不绝，甚且愈益变本加厉。""上海为中外观瞻所系，文化倡导之源，风声所播，全国是从。际此新生活运动积极进行之时，而又有这迎神赛会之举，恐为外人疑我所谓新生活运动者，大抵如此，故特函请市府迅行布告，并严令公安局负责取缔。这对于民族复兴上，当不无多少裨益也。"

电话、自来水、公共汽车等作为现代化的重要生活设施，江湾镇虽然比都市要晚许多时间，但以都会为目标，则比其他乡镇要早很多。

江湾与租界之间的电话，开通于1926年3月。最初有江湾商号及住户十余家，后陆续增多。在江湾赛马期间，尤为踊跃。最初的电话接通手续，先经闸北电

江湾镇新市路的市政建设

20

话分局，再经沪南总局，最后到达租界，须多费时间，颇感不便。上海电话局局长为此与华洋电话公司商妥，设两对专线，自6月18日起实行专线通话，不必再经过闸北、沪南两局，通话费为3分钟大洋5分。

江湾有河，但河水并不卫生。沿淞沪铁路天通庵与江湾车站之间，有制革厂，傍江而立，凡厂中污水，皆泄于河中。经同济大学化验师巴尔德检验，此河水因受污染，全不可饮用。不独生饮不宜，即煎沸食之，亦有害健康。因此，除了加强河水的防污工作以外，接通干净的自来水，亦是江湾镇民众的迫切需求。1929年，由闸北水电公司安装总水管，接通江湾镇，总水管自沙泾港桥堍36英寸杆接出，经模范路、车站路、万安桥、香花桥（即春生桥）而至顾家桥附近，需用12英寸径水管1780尺，8英寸水管3350尺，6英寸水管600尺。自万安桥至顾家桥，为江湾镇最繁荣之处，该项工程需银15000元，完全免费装置，而水管则向德国西门子洋行定购。

1928年，华商公共汽车公司开通自北站至江湾劳动大学站的第一路公交车。1929年8月，延长至江湾镇新市路底。自1936年9月1日起，第一路分甲乙两线行驶，甲线乃依原定，车资亦未更动。乙线由北站、宝山路、天通庵、江湾路、广中路、水电路、新市路，直达江湾池沟路，乙线比甲线短行3公里，撤减两站，并避免两度铁路栅之阻拦，全线车资，定铜元29枚。一路公交车的开通，使江湾交通更为经济便利。公共汽车第二路线，由宝山路、江湾路、西体育会路至江湾。1935年10月起，改为从宝山路、西宝兴路、柳营路、水电路，折回东体育会路原线，至江湾。

上海的学校大多设立在租界，1921年复旦大学自徐家汇迁来后，江湾迅速成为教育新区，学校宛如雨后春笋般出现，大学有复旦大学、国立劳动大学、持志大学、法科大学，中学有立达学园、复旦实验中学、南洋商科高级中学、南洋女子英专等，多数学校系由他处迁入，也有新创办者。特别是南洋商科与女子英专为邻，故每当夕阳西下，偶遇江湾林荫道上时，常见一对对的青春美伴侣，散步秋郊，故有江湾三多之说：学校多，情侣多，洋服多。

学校多，江湾镇亦成为文化名人居住的地方。1925年2月1日，丰子恺用出售浙江上虞私人住宅所得的资金，与匡互生等人在上海创办立达中学，设有美术科、音乐科、文学科，以《论语》中的"己欲立而立人，己欲达而达人"为办学宗旨。校址初设于虹口老靶子路（今武进路），后迁至小西门黄家阙路。

崇德女校1930级毕业生学生到江湾旅行

1925年夏秋时，在江湾淞沪铁路旁自建校舍，正式更名"立达学园"。丰子恺本人也在1926年搬到立达学园附近的江湾永义里27号，这是丰子恺最初的缘缘堂。弘一法师李叔同云游经过上海，到丰子恺的江湾缘缘堂小住。丰子恺在上海车站接他，从他手里接过拐杖和扁担，陪他乘淞沪

江湾镇旧事

1927年，位于江湾镇车站西路的国立劳动大学校舍（虹口区地方志办公室　提供）

立达学园原址（方忠麟　摄）

JIANGWANZHEN
JIUSHI

23

美术教育家丰子恺

铁路到江湾。缘缘堂是两层的建筑，丰子恺安排弘一法师住二楼，自己和两个孩子住在楼下。每天天色将暮的时候，丰子恺到楼上同他谈话。弘一法师是过午不食的，而丰子恺的夜饭吃得很晚，他俩的谈话时间，正是别人的晚餐时间。弘一法师睡得很早，差不多与太阳的光一同睡着，一向不用电灯。他们谈话也是在苍茫暮色中。弘一法师坐在靠窗的藤椅上，丰子恺坐在里面的椅子上，谈话一直到窗外的天色变黑。这样的生活继续了一个月。

有一次，丰子恺上楼时，看见弘一法师的脸上充满了欢喜之色，他对着书架上的一本书，指着封面上的字问道："谢颂羔居士，你认识他否？"丰子恺一看书名，是谢颂羔写的《理想中人》，便说：谢颂羔是我的朋友，一位基督教徒。弘一法师说，这是一本很有益的书，又问他住在上海吗？丰子恺说：他在北四川路底的广学会当编辑，我们是常见面的。说到广学会，勾起弘一法师的回忆，他说广学会创办很早，他幼时在上海的时候，广学会就已经成立，其中有许多热心而真诚的信徒，外国教士李提摩太曾关心佛教，翻译过《大乘起信论》。

　　过了几天，弘一法师写了一张横额，"慈良清直"四个字，卷好，放在书架上。丰子恺上楼的时候，他就拿出来请丰子恺送给谢颂羔居士。次日，丰子恺就来到广学会，将横额送给谢颂羔居士，并转述了与弘一法师的谈话。谢颂羔听了，很感动，表示下周日前来拜访。

　　那一天，丰子恺的邻居、立达学园校长陶载良备了素斋，请弘一法师到他寓所共进午餐，丰子恺与谢颂羔也被邀请。席间，一位虔诚的佛教徒与一位虔诚的基督教徒相对而坐，谈笑。丰子恺看到这一情景，想到了人世间"缘"的奇妙。如果谢颂羔没将著作送他，如果弘一法师不来他家，或没在书架里看到这本书，如果他没有将此书放在楼上的书架里……仔细想来，无论何事都是大大小小、千千万万的"缘"所凑合而成，世间的因缘何等奇妙而不可思议。此为江湾缘缘堂的一段佳话。

　　陈抱一（1893—1945），早年追随张聿光习画，1913年东渡日本。1914年、1915年间曾短期回国。1916年再度赴日，先入川端洋画研究所，师从著名洋画家藤岛武二，后入东京美术学校。1921年毕业回国后，曾任神州女子学校美术专科主任、上海美术专科学校教授等职。1929年在江湾创办晞阳美术院。陈抱一是我国最早研求西洋画的画家，也是最早提倡西洋画的中坚分子。其画风颇受欧洲后期印象派与新写实主义的影响，《良友》画报主编梁得所称其"作画色调感觉敏锐"。陈抱一的父亲陈作琴，曾在招商局任要职，退居江湾私宅，拓地为园，莳花种竹，俗称陈家花园。陈抱一筑画室于其中。陈家花园位于江湾车站东首，经月台而往，六七十步即抵，面临小溪，架桥可渡。我国画家自建画室，也始于陈抱一。画家丁悚（丁慕琴）回忆道：一次为摄模特儿裸影，"一时苦于无适当地点，乃乘汽车到江湾，借陈氏画室实行。结果光线柔和，为任何普通照相馆所不及"。1926年5月，南国剧社拍摄《到民间去》时，导演田汉率摄制组专车到江湾陈家花园，拍摄陈抱一画室及家园等。

油画家陈抱一（叶奇　提供）

　　但是，陈家花园遭抢劫，亦是当时江湾一个大事件。1928年12月17日晚6时左右，盗匪十数人，持枪入室，割断电话线，并将宅内男女驱入地下室禁闭。盗匪见陈家有许多箱柜，以为珍品在内，岂知多为书籍，便恼羞成怒，勒令陈作琴交出钱财，但事主不从，即被用刀刺伤，计头部、手臂、腰背等处，不下五六刀。各匪随即又到各室翻箱倒柜，将金银首饰、衣服等劫走。至7时许，有一仆人逃出呼救，园旁居住者为驻江湾救济会的一个营长，其护兵闻警，一边报告救济会驻军，一边奔入园内，用手提机枪向盗匪扫射，盗匪一边逃散，一边还击。枪声既起，江湾镇居民，莫不闻之。江湾警方从各路包围，将盗匪一网打尽。被获13名盗匪，经审判，枪毙7人，2人准予保释，1人徒刑，其余3人无罪。

陈抱一的江湾画室

陈抱一（右一站立者）在关紫兰画展上，左二为关紫兰（叶奇　提供）

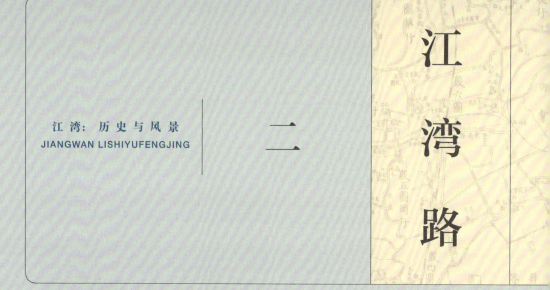

江湾：历史与风景
JIANGWAN LISHIYUFENGJING

二

江湾路

虹口公园（今鲁迅公园）

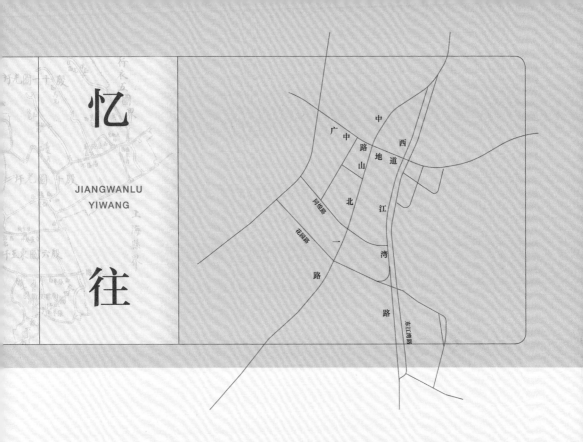

忆往

JIANGWANLU
YIWANG

江湾路有东、西江湾路之分。东江湾路，南起四川北路与多伦路相接，北至鲁迅公园西折至四川北路底，沿淞沪铁路北上至大连西路，与西体育会路相接成 S 形，全长 1.29 公里，宽 17 米许。此路是公共租界工部局为修建靶子场及公园而越界修筑，因当时地属江湾乡，并拟将该路通往江湾镇，故名江湾路，后改名东江湾路，俗称新江湾路。西江湾路，南起横浜路，北至中山北一路接新市路，与同心路、花园路相交，与广中路和大连西路相会，全长 1.5 公里，宽 10 米，为天通庵通往江湾的干道。

位于东江湾路最南端的庞大建筑物是侵华日军上海日本海军特别陆战队司令部旧址。日本海军陆战队为陆上警备与战斗而设，1900 年以保护侨民为借口初次登陆上海。1928 年开始常驻上海，以后购买虹口公园附近洋楼为营房与司令部。原建筑物在 1932 年一·二八淞沪抗战中全部被毁，新司令部大楼于 1933 年落成，四层钢筋水泥巨大建筑，俯视如同一艘巨大的军舰，具有兵营与要塞的双重功能。下层系仓库，中层系营房，屋顶上设瞭望塔，有数门山

29

1933 年日本海军特别陆战队司令部

日本海军特别陆战队司令部旧址（方忠麟　摄）

炮，可以俯瞰天通庵车站及八字桥，遥望北火车站，一到战时便是一座要塞。同时，上海日本海军陆战队的规格升级，成为日本海军唯一的常设特别陆战队，司令官由大佐升为少将，兵力也增强到 2500 名。这是日本军事力量在上海的象征，也为日侨提供所谓的安全保障。1937 年八一三淞沪抗战，战争首先在八字桥一带爆发，日军进攻重点是在天通庵车站—八字桥—水电路一线，企图以此切入闸北阵地。中国军队主力死守八字桥，并力图突击日本海军特别陆战队司令部大楼。然而由于大楼的坚固要塞性能及日本第三舰队驻上海驱逐舰舰炮的有力支援，中国军队的攻势受挫。1945 年日本战败后，此建筑物被国民政府接收，淞沪警备司令部曾设于此。

江湾路沿淞沪铁路北上，东侧的公园是被称为"新公园"的虹口公园（今鲁迅公园）。这是 1905 年工部局按照英国格拉斯哥体育公园模式修建的，由苏格兰植物和园艺专家麦克利设计和布置，初名虹口娱乐场，至 1909 年始见

江湾：历史与风景
JIANGWAN LISHIYUFENGJING

虹口公园组图（虹口区地方志办公室　提供）

完备。进门是一条夹在木
兰花行中的步行小道，展
开的是一片宏大草地，为
当时远东最精美者。草地
中间被一条小河隔断，河
上有一座英国乡村式木
桥。一座音乐台置身于丛
林之中。走道两旁，布置
着英国的槐树、夹竹桃，
还有开花的桃树和一些非
本地的植物，既庇荫又透光。在各运动场
周边，也种植着来自欧洲的花草树木，花
草随球类活动季节的变换而呈现不同的色
彩。公园内设高尔夫球场1处、网球场数
十处、草地滚球场5处、足球场3处及曲
棍球场、篮球场、棒球场、田径场等。各
项球类运动均按季节轮流进行，如每年3
月1日至10月15日，是网球、篮球、棒球
的开放季节；10月15日至次年3月1日，是

足球、曲棍球的利用时间。由于当时上海缺乏公立的大型运动场，1915年5月15日—22日、1921年5月30日—6月4日，第二、五届远东运动会在上海举行时，均借用虹口娱乐场作为比赛场所。1921年，工部局将虹口娱乐场改名为虹口公园。有人评说："虹口公园与其说它仅为一个花园，毋宁说它是一所运动场来得评价公允。"

1928年7月，虹口公园正式向中国人开放。同时开始售票制度，年券1元，零券每次铜元10枚。公园里有网球、野球活动，晚上有纳凉活动。另有音乐台，一座白色半圆形屋顶的舞台，为工部局乐队夏季音乐会的演出场所，装有共鸣器，不用扩音器也能令听众清晰地听到弦乐的演奏，效果绝佳。

东江湾路西侧有长崎人白石六三郎创设的六三园，原址是西江湾路230号。1908年设立，土地6000坪。六三园的建成，改变了日本侨民在上海没有大型集合地的历史，而该园也成为日本文化在上海的标志性场所。六三园简洁明朗，体现了日本式园林布局匀称、淡雅的特色。木造的二层楼日本式建筑，是料亭"六三园"分店，园内有一块面积6亩的草坪，供春秋季节的集会和赏花活动。园内还设有茶屋、凉亭、葡萄

六三园里的料亭

六三园（虹口区地方志办公室　提供）

园、荷花池、煤油路灯，并种植很多松、梅、竹等寓意吉祥的植物。六三园
建成后，向日侨免费开放，成为最令他们思乡的地方。特别是在樱花开放季
节，六三园里挤满观赏樱花的日本侨民。日文的上海导游书称，六三园的夜樱
是上海的名物之一。

　　六三园里清雅的泉石、四时的百花，及各种禽鸟的和鸣，吸引了不少中日
文人墨客，使之成为中日文化交流的重要场所。郑逸梅在《觉园和六三园》中
写道："鹿叟（六三郎）很风雅，喜交纳我华名士。有一次，邀请曾农髯、钱
瘦铁、王西神、刘亚文、杨树庄、汪英宾、徐秋生作宴饮。西神撰《鹿园歌舞
记》，略述其胜，如云：'小山之麓，流泉绕之，铮铮作琴筑声。一溪碎玉，静
引禅心，池中铺以白石，清澈见底。'那天的歌舞亦极一时之盛。西神文又云：
'主人布席于广场之上，芳草舒茵，飞花扑鬓，所制西点极精，诸歌女持杯劝
进，酒三巡而歌舞作。歌者十一人，六人高坐，五人趺坐其下，高坐者操弦
索，趺坐者击鼓。左右两端，则一人槌大鼓，一人吹玉笛，疾徐中节，全队咸
按拍而歌。歌声甫起，即有舞女二人，飞入场中，反腰贴地，软体婆娑，翩若
凤翔，焕如霞举，观者咸飘飘然作凌云想。'"

　　中国近现代书画篆刻大师吴昌硕之所以在日本有很大的影响，其大量作品
远播日本，与六三园有密切关系。经王一亭介绍，白石六三郎与吴昌硕结识，
经常邀请他来六三园赴宴，将他的作品介绍给来沪的日本书画家。1914 年，
上海书画协会成立，吴昌硕任会长。10 月 25 日，白石六三郎在六三园为吴昌

吴昌硕在六三园挥毫作画（吉坂照相馆　摄）

硕举行个人书画展，这是最早的中国书画公开展览活动。吴昌硕曾应白石六三郎邀请，撰《六三园记》，勒石园中。后来，白石六三郎又自龙华移来老梅一株植于六三园中，吴昌硕也赋诗记之。第二年春天，梅花盛开，白石六三郎又邀吴昌硕在梅树下饮酒。吴昌硕还应白石六三郎之意，作水墨画《崩流激石图》，还作有诗集《六三园宴集》。

1926年3月，王一亭、钱瘦铁、刘海粟与日本画家桥本关雪、石井林响、小杉未醒、森田恒友、小川芋钱等人，成立以古画研究与鉴赏为目的的解衣社，该社活动的主要地点是六三园。桥本关雪与中国画家"颇多交结，尝于海上六三园作文酒之宴，对客挥毫，随绘随题，即以赠人，无吝色"。桥本关雪在六三园还经常题诗，如《幽石丛兰图》："淅淅风声极易秋，幽人眠起欲添裘。摊书不用借灯火，月上芦花雪一楼。"《寒芦秋雁图》："小阁依稀似短舸，芦花如雪拂征袍。去年犹记瞿塘峡，风卷秋涛一丈高。"

鲁迅曾邀请郁达夫等人到六三园观赏樱花，也应邀在那里参加日本友人的宴请。1935年10月21日，鲁迅应日本《朝日新闻》上海分社社长邀请，去六三园赴宴，在座的有庆应大学教授野口米次郎和内山书店老板内山完造。同日，还在园内与日本友人合影。

游泳池是上海摩登男女暑天的乐园。虹口游泳池，由工部局设立，位于虹口公园旁，为上海最早的公共游泳池。每届夏季，游泳人之多，为全市各池之冠。游泳池规则贴在大门前，为限制人数，曾出售过2角1张的门票，但依

现在的虹口游泳池（方忠麟　摄）

早期的虹口游泳池（虹口区地方志办公室　提供）

　　然不能阻止游泳者的热情。如租游泳衣，另需1角。游泳者在入池前，须进行淋浴，使肌肤洁净，也可避免下水后受水温的激烈刺激。淋浴后，备有药水棉花和凡士林，以供塞耳之用。换衣室位于池子东面，格子式，男女分列。周日及节假日，特别拥挤。晚上9时至11时，接受包场，租费40元，至12时，加10元，但人数以100人为限。10月以后，露天游泳池关闭，位于靶子路（今武进路）的室内游泳池开放。

　　虹口游泳池的最深处为7英尺，有跳台、跳板各一。场内有休息处，供应饮食，但价格之昂，可压倒上海高级的沙利文咖啡馆，咖啡一杯需3角半，汽水一瓶售价2角。郑逸梅在《到虹口游泳池去》的短文中，对游泳池的情景有介绍："我们买票入内，在更衣室中换了身游泳衣，立到自来水莲蓬式喷射器的下面，冲洗了一回，遍体淋漓地，走到池边。这时夕阳西坠，水面生凉，中的西的，男的女的，村的俏的，可是有了少的，没有老的，都在那里弄波戏水。""那些游泳家，钻在水底，游行很速，好比一艘潜水艇。还有挟着异性，在水里相戏追逐，咭咭的笑声，和'哪能格辣'的呼声，兀是耐人寻味。"

　　江湾路的公园坊，因位于虹口公园对面而得名。原是毕业于东亚同文书院的台湾人林伯奏的产业，林伯奏是台湾著名历史学家连横（1878—1936）的大女婿。连横曾就读上海圣约翰大学，著有《台湾通史》，章太炎称赞此书说："民族精神之附，为必传之作。"1933年，连横从台湾移居上海，住在公园坊8号。曾任国民党主席的连战，为连横的孙子，1936年8月出生于西安。在连战出生前两个月，连横因重病弥留上海，知悉儿媳临盆在即，遂留下遗言："中日必将一战，若生男则名'连战'，寓有自强不息、克敌制胜之意义，又有复兴故国、重整家园之光明希望！"连战小时候随父母来过上海，曾在公园坊短暂居住过七八个月。林伯奏的女儿林文月，1933年出生在上海，在公园坊生活了13年，至1946年去台湾，为台湾地区中日比较文学的开拓者，她翻译的日本古典文学名著《源氏物语》，被称为"目前华语翻译《源氏物语》的最优秀版本"。

公园坊有三层洋楼33幢，十分舒适、宽敞。这一地段，有好空气，既是城市，又是乡下，闹中取静，适宜读书写文，曾吸引一些现代派文人居住，如刘呐鸥、穆时英、叶灵凤等人，被称为"作家坊"，又称"文艺村"。叶灵凤在给穆时英的信中写道："我也很爱公园坊，近郊的风景，热闹中带点静悄，与我的性情是很适合的。"1936年，穆时英与夫人仇飞飞的爱巢就设在公园坊，有时他与夫人去亚尔培路（今陕西南路）回力球场赌博，带去的法币都输

公园坊（方忠麟　摄）

光了，就与夫人从亚尔培路走到江湾路公园坊。一路上两三个小时，回到家里天快亮了。上海的木刻艺术团体"野风画会"、上海艺术剧社导演鲁史创立的戏剧电影研究所、中华口琴会均曾设立在公园坊。

易培基（1880—1937），曾任湖南省立第一师范学校校长、故宫博物院首任院长，平时守不居租界主义，曾在江湾路水电路建筑住宅及藏书楼一栋，计三层，大小房间30余间。易本世家，生平酷爱书籍金石字画，30年来收罗丰富，一·二八事变后，虽运出少数书籍，但尚留的书籍字画等约300箱，尽付一炬。据当地人称，中国军队于1932年3月1日上午退去，日军下午便占领江湾，傍晚，日军率便衣队数十人即侵入该宅放火，并焚易宅弄堂房屋10栋，总计居宅及藏书等项，损失银十余万两。易氏藏书中，宋元明旧本甚多，精抄本殿本亦不少，碑帖字画瓷器佳者尤众，此次损失关系到我国文化，实非浅鲜。清单如下：三层大洋房1栋，三层共38间，花园亭子，又弄堂一楼一底洋房15栋，共50余间。电灯电话自来水俱损失，书籍207箱。内有宋元本7种，精抄本40余种，明刻本450余种，殿本50余种，碑帖1300余种，内有明拓20余种，故宫铜器拓片200余种。瓷器7箱，内有明瓷及乾隆嘉庆瓷40余件，铜器30余件，内有楚宫钟及汉鼎彝弩洗17件，六朝唐造像10尊，元权石器13件，内有汉石经13方，魏唐墓志3方，魏唐造像4方，雕漆器24件。以上均成灰烬。

藤佩福幼儿园位于江湾路上海畜殖牛奶公司对面的藤佩路，"为沪上此种新兴事业之最成功者"。该园为郭秉文夫人夏路德创设，桑文澜女士主持，1934 年 9 月正式开办。郭秉文（1880—1969），中国现代高等教育事业的先驱，被称为"中国现代大学之父"，夏路德是商务印书馆创始人夏瑞芳的三女儿。该园场地空旷，空气新鲜，原为复旦校长李登辉博士住宅原址，地可数亩。李登辉为支持幼儿事业，以年收两元之租金，出让土地。该园新建精致楼房一座，内分儿童教室、游戏室、食堂、卧室、浴室、盥洗室、保姆室、办公室、教职员室等，设备完善，整洁优美，园地特铺青草，植花卉树木，并设有游戏运动器材多种。园中分两部，幼稚园收 4—5 岁儿童，小学部收 6—10 岁儿童。校长夏路德，副院长桑文澜兼训育主任。桑文澜自清代光、宣年间（1875—1911）即服务教育事业，历任南京省立女中训育、湖州递德妇女学校副校长、云南贫儿院院长及杭州弘道女中训育，富有儿童看护与医药经验。教员曹文隐毕业于培英女中，任职多年。庶务员沈延壁兼烹调管理员，曾任上海尚贤堂妇孺医院庶务，看护蔡志贞毕业于尚贤堂妇孺医院。诸女士皆服务社会有年，均能管教兼施，使儿童各得其所，绝不感离家之苦。开办一年来，受托该院的 20 余名儿童，均健康肥硕，整洁活泼，受家长之信赖。该园初办时为慈善性质，拟收一·二八淞沪抗战及历年水灾失依儿童，但事实上收入者全系知识分子家庭，因此改变招生性质，招收夫妻均在社会服务而无力照料儿童生活之需求家庭，每生每学期收费 54 元，学膳宿杂费均在内。1935 年获增名额 30 名。江湾一带的儿童，亦可作该园走读生。

　　江湾路校舍成林，有学府路之称。上海法学院创办于 1926 年夏天，原在法租界蒲柏路（今太仓路）479—483 号。1928 年 8 月迁至江湾路和平坊，最初仅有两幢洋房，学生宿舍需要租用民房，上课也缺教室，临时搭木屋将就。1930 年学校建成三层新校舍与新宿舍，1931 年建成能容千余人的大礼堂。但在 1932 年一·二八淞沪抗战时，因临近日本海军陆战队总部，全部校舍除大礼堂外，遭日军放火焚毁。1933 年 8 月全部修复，但在 1937 年淞沪抗战时，学校又沦为战场，被迫迁往法租界。持志学院位于江湾路东体育会路原灵生学校旧址，1924 年创办。1925 年新建宿舍一幢于校舍之东。1926 年第一届学生毕业，多为英文系学生，获美国密歇根、哥伦比亚、加利福尼亚、芝加哥等大学认可，可自由转读。1931 年迁入水电路新址，有三层宿舍、大礼堂、教室、图书馆各一幢。1941 年 10 月 25 日，在持志学院旧址，日本居留民团建造日本第二女子高等学校，次年 4 月 4 日开校。曾在江湾公园坊居住、在日本小学读书的林文月，非常羡慕日本女子中学生："学生夏天都穿藏青色有细褶的长裙，上身是短短齐腰

上海法学院旧址（方忠麟　摄）

1941 年在持志学院旧址建造的日本第二女子高等学校

的水手服。这种制服太好看了，尤其是上了中学以后都不用背包，人人右手提一个中型手提包，里面装满书，走起路来非常神气，也是很有学问的样子。"

江湾是华界仅次于南市、闸北的新兴区域，更是"大上海计划"市中心所在地，而江湾路则是市区通往江湾的主要干道，为江湾发展的先声，令世人瞩目。当时，公共汽车从北站转入天通庵，以后的路线便尽喊江湾了。

和平时期的江湾路是中外杂居的宁静之路。一篇题为《江湾路之春》的文章，以一位青年学生的视角，生动地描绘了当时的景色：

何若早晨八点钟没有课时，高兴到像跳舞厅一样柔滑的江湾路去探一探春的消息，包你可以看到三三五五的异族小朋友背着书包，花也似的美丽，雀也似的活泼，"叽里咕噜"地从你面前跳过，直至转了弯，目不能及才止。接着的就是足足有六七十人之多的赛跑队，裸着身子，不，仅仅一件游泳衣似的小衣服，充满着春的朝气，勇猛地向前奔去。这是一群碧眼黄发的先生，他们的身子确实充满"力"与"美"。不时可以看到木屐朋友，他们领着若干的小学生，从江湾路经过，大概是往野外踏青去了。他们虽然不着一律的制服，可是他们自己国内的那种特产布，红红绿绿的，确比学校的制服来得引人入胜，尤其是夹在两旁走的那班女教师，我爱她们发髻的美丽，如亭亭玉立的身子。傍晚的时候，江湾路上充满了芬芳的氤氲，碧眼黄发的先生们，木屐"托托"的朋友们和法学院与持志的同学们，大家其乐融融地在徘徊着，或是到公园里去散步。天色渐渐地垂暮了，这时迎面走来的便是大群下工的缫丝阿姐，她们各提着食篓，也就是使人一望而知的唯一记号。我很敬佩她们，敬佩她们能这样吃苦耐劳呵！劳工神圣的缫丝阿姐！

江湾路，上海兴盛之路。笔名凤湖的作者在题为《江湾路上》的文章中写道："晨光熹微，夕阳西下，一对对，一双双，衣香鬓影，革履西装，倚肩并行，何等的甜蜜、情趣。层楼高耸，玻窗四启，强烈的灯光，憧憧的人影，歌声，琴声，笑语声，酣舞声，渺不到世间有危难艰苦的事情，这又是何等的热烈。"

但是，自一·二八淞沪抗战爆发后，日军将宁静的江湾路变成战场，继而将其纳入势力范围："正因着江湾姑娘的颇具姿色，她已渐渐保不住她的暇白，自连接虹口区域的天通庵起，'一·二八'以后，日人的势力，便日渐嚣张，耸立在交界处的森严威凛的四层兵营，终日往来如梭的凶狠水兵，演习假战时的机枪刺刀，每巡逻时的装甲与坦克，只要你见过一次真情，你便会明白地了解——江湾是整个在日本的掌握中，因为江湾的咽喉是全被捺住了。"

从吴淞铁路

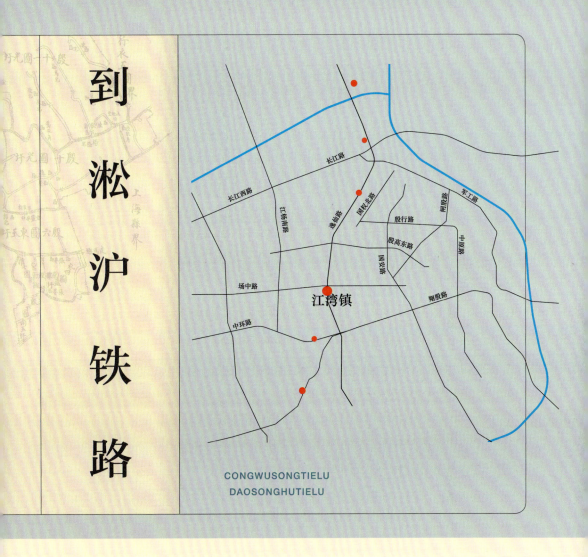

到淞沪铁路

CONGWUSONGTIELU
DAOSONGHUTIELU

铁路改变世界。世界上第一条定期运行的客运铁路，为英国的利物浦至曼彻斯特之线，开通于1830年9月。同年，美国开始建筑两条铁路，其他国家则铺设较晚，非洲至1856年才有铁路。中国的第一条铁路，始于1876年建成的吴淞铁路。

吴淞铁路，一条30里长的铁路，系由英商怡和洋行集资的铁路公司，收买自上海租界以北（天后宫桥北堍铁马路，今河南北路）到吴淞一带的田地修筑而成。

开埠以后，上海商务日见繁盛。1862年洋务运动的兴起，加速经济、商

20世纪30年代，淞沪铁路江湾站（于吉星　提供）

49

吴淞铁路通车（铜版画）（虹口区地方志办公室　提供）

业、贸易的发展，上海需要更便捷的交通，以便增强与外界的联系。1863年7月，宝顺、旗昌等27家洋行，组建上海苏州铁路公司，申请承建上海至苏州的54英里铁路，以5年为期，称可与伦敦西北部的铁路媲美，但遭到江苏巡抚李鸿章的拒绝。同年11月，英、法、美驻沪领事照会署上海道黄芳，拟建造上海至苏州的铁路，亦被婉拒。

　　1872年12月，英商组建的吴淞道路公司通过英美领事，以修造"一条寻常马路"为名，着手购买上海至吴淞间长9.25英里、宽约15码之地皮，但因资金难筹，仅购买土地而未能有进展。1873年3月26日，上海道沈秉成谕令上海县发布告示，称吴淞道路公司在其取得永租权的土地上，有权建造桥梁、开挖沟渠，设置栅栏和建造适合于车辆通行之道路，乡人不得违抗。5月6日，《申报》发表"上海至吴淞将造火轮车路"的消息："近闻西商拟创设火轮车路公司一所，已凑银十五万两，由上海开往吴淞，计约一二年可完工。"同年12月，吴淞铁路正式动工，路基宽一丈五尺，两边开挖沟渠，深宽各约三尺，将沟泥铺叠路上，填筑平实，路高约三尺，以备铺设铁轨。

次年 2 月 3 日，拟填平一条沟渠时，乡民张某认为有碍附近祖坟风水及田地水利，出面阻挠，乡邻亦群集评理，以致争扭督工美国人熙尔。事件发生后，署宝山知县冯寿镜发布告示，称"本邑江湾镇南至上海，北至吴淞，向为来往要道。前经洋商议开马路，在各该图民田内起筑，叠经道宪委员会同前县履勘，并督同该处董事按图按亩丈量明晰，分别立契给价，均已先后领价在案。现在洋商兴工挑筑，自应任听举办，不得妄图希冀，有违前议。查近有乡愚无知之辈听人煽惑，甚至恃众肇衅，殊非辑睦中外之道。合亟出示晓谕，任听开筑马路，勿得恃众阻挠，妄生觊觎"。

1875 年 7 月，吴淞道路公司因资金不足，进行招股改组，并改名吴淞铁道有限公司，总部设在伦敦，委托怡和洋行为驻中国的总代理，玛理逊为总工程师及上海负责人，购买器材，准备铺轨。10 月 1 日，玛理逊离开英国，取道美国来沪。

1876 年 1 月 8 日，玛理逊携带材料，暨技术人员四人来到上海，着手扩地平路，1 月 20 日开始在上海至江湾段铺设铁轨。是日，玛理逊夫人主持典

玛理逊在吴淞铁路工地与工人留影，中间是刚运抵上海的"先锋"号机车（虹口区地方志办公室 提供）

礼，打下第一道钉。2月14日，铺到天通庵以北的徐家花园附近，"先锋"号机车开始行车，运输木石等。当时，铁路在中国是创举，大家以为新奇。当一辆运输小火车在铁轨往来运输石木时，引来数千人的观望，根据《申报》记载，不仅是本埠的人来观望，几十里外，甚至百公里外的人都来看，每天总有千把人乘马车、东洋车、轿子等来的，卖水果、点心的也赶来做买卖，可以说是盛况空前。2月22日，上海道冯焌光会见英国领事麦华陀，对英商不按约修建马路而擅自建造铁路，提出质问，麦华陀则称，土地既经西商出价永租，照约应听凭业主使用，不便过问。

6月30日，上海至江湾铁路全线竣工，全长5公里，铁路公司发帖150份，邀请外侨参加试车，给外侨的请帖甚为讲究，由公司董事具名签发。邀请对象为上海各国领事、眷属及洋商，请外侨试车的仅一班次。火车试行的第一天，下午5时，外国官员与女士均陆续而至，共150余人参加，尚有不少在旁闲观而不登车者。5时半正式出发，客车6辆，分上中下三等。火车头发动，客车即随之而行，计费时一刻零二分抵达江湾。众皆出车，游览江湾风

玛理逊驾驶"先锋"号机车（铜版画）（虹口区地方志办公室　提供）

景，并各聚饮，俄及乘车返沪。次日，发帖1000份，邀请对象为华人重要官吏及商人，当天开行多次，每次计有7辆车，可载客150人。所谓发帖，即给各行号发"照会"（车票）数张，被邀请者随时可执此以作为乘车凭据。同时，江湾的室内停车场已经落成。

7月3日，上海至江湾段正式通车。车票分上中下三等，每天开行6次。第一天的盛况可观："到下午一点钟，男女老幼，纷至沓来，大半皆愿坐上中两等之车，顷刻之间，车厢已无虚位，尽有买得上中之票仍坐下等车者。迨车已开行，而来人尚如潮涌至，盖皆以从未目睹，欲亲身试之耳。"

火车的车厢用外国木料制造，内外均涂以金漆。上有两个圆天窗，可透空

吴淞铁路使用的"天朝"号机车

气。车厢前后均有玻璃窗，车厢间之有大铁钮连接。最前面的火车头，当时称机器车，数位西人司机驾驶。当司机放出汽笛声后，在旁的西人吹哨，车便开始摇摇向前，初犹迟，嗣后逐渐加速。当听到铁轨激烈摩擦声时，火车已电掣飙驰般地前去了。每节车厢两旁均有百叶窗可开启，中等车厢座位，有羽毛软垫，窗户左右，装有藤扎的梅花架，可挂小帽等，下等车厢的设施除了坐垫与藤架外，均皆相同。

那个时代，火车为华人素未经见，游铁路，乃是时尚。关于最初的火车江湾游，《申报》记者曾有生动的报道："予于初次开行之日，登车往游，唯见铁路两旁，观者云集，欲搭坐者，已繁杂不可记数，觉客车实不敷所用。尤奇者，火车为华人素未经见，不知其危险安妥，而妇女小孩竟居其大半。先闻摇铃之声，盖示众人以必就位，不可再登车上。又继以气筒数声，而即闻字字作响者，即火车吹号，车即由渐而快驶矣。坐车者尽面带喜色，旁观者亦皆喝彩，注目凝视，顷刻间车便疾驶，身觉摇摇如悬旌矣。"

"此时最有趣者，莫如看田内乡民。查上海至江湾一带，除稻田数亩外，

三　从吴淞铁路到淞沪铁路

观看吴淞铁路通车的乡民（于吉星　提供）

余则半皆花地。当花秆已长，乡人咸锹以治地，但此处素称僻静，罕见过客，今忽见有火车经过，既见烟气直冒，而又见客车六辆皆载以鲜衣华服之人，乡民有不诧为奇观者乎？是以尽皆面对铁路，停工而呆视也。或有老妇扶杖而张口延望者，或有少年倚树而痴立者，或有弱女子观之而喜笑者，至于小孩或畏怯而依于长老前者，仅见数处，则或牵牛惊看，似作逃避之状者，然究未有一人不面带喜色也。甫及江湾，气筒复鸣，火车渐慢，又见两旁之人立如堵墙。"

"行至江湾，彼处人已众多，余偕二友出车，登酒楼小饮，乡村风景亦复可人。"

当时，火车票很贵，从上海至吴淞，上等票1元，中等票5角，下等票200文（规定制钱1200文作银1元）。

但是一般人对于铁路的新鲜事物，并不理解。有人视为魔术，十分惊恐。有人以为铁路通行，将有更多劳动力失业。沿铁路住民更是恶汽笛鸣叫不已，反对更为激烈，曾一度因铁路公司用竹篱霸占江湾住民地方，而引起公愤，将数间票房砸坏。8月3日，火车在江湾北首往来试演时，忽有一士兵模样的人跨入轨道，被压死，乡民大怒。清朝官方也力争主权，要求铁道停驶。经过多次交涉，10月24日，中英双方就吴淞铁路议定十条款项，其大要为：吴淞铁路由中国买断，价款285000两银，限一年内分三次付清。此一年中，因中国价银尚未付清，火车行止由英商公司承办，盈亏与中国无涉。但只准搭客往来，不得添购地段，推广铁路，允许通行时间从1876年10月31日至1877年10月21日止。

火车碾死路人的事件发生后，因江湾之北的铁路无人照料而出事，自上海之江湾沿途，派华捕十余人，逐路检查，发现有障碍情况，即令火车停驶。当时的方法是以红白旗帜为信号，白旗通行，红旗停车，在沿途冲要处，设50余个栏杆，并建桥梁12座。铁路方面认为日后如果夜行的话，恐难辨信号旗颜色，计划在途口设立多盏红绿信号灯。

12月1日，吴淞铁路全路开通，两江总督沈葆桢派道员盛宣怀及洋务局、招商局官员等参加试行，火车头挂红彩，饰松竹枝等，以示庆贺。下午2时，第一班开行，但乘客不满百人，大多到蕰藻浜下车。到吴淞游玩的，不过10

多人。第二班 4 时开行，因细雨淋漓，车客仅 30 多人。但此后生意却好起来，到 1877 年 2 月，到吴淞去玩的，均满座。为满足游客愿望，铁路公司将 6 辆车厢增加到 9 辆，并用两个火车头来拖。据吴淞铁路公司统计，铁路开通不到一年时间，载客 161331 人，营业状况良好，每星期每英里获利 27 英镑，与英国铁路公司的平均收入相等。

1877 年 10 月 20 日中午 12 时，吴淞铁路最后一次运行。署上海道刘瑞芬派人到英国领事馆将价银交割清楚，吴淞铁路于当天下午 2 时被清政府收回。届时，英商特备专车一辆供中方官员视察，但清朝官员宁坐轿子，经 3 小时始达吴淞。两天后，署上海道刘瑞芬将吴淞铁路的地契领还。

总税务司赫德之弟赫政在英国与驻英公使郭嵩焘谈及吴淞铁路时说，中国如毁弃铁路，英国外相必益怀轻视中国之心。英国外交部也电驻沪公使，令其就商清政府，不要将吴淞铁路拆除，理由是铁路由英人成之而华人毁之，恐与日后交谊不无小损。北洋通商大臣李鸿章对上海地方官员以重价购吴淞铁路"而意在收回拆毁"的意图不满，"实不知其何心"。《铁路改变世界》的作者克

三　　　　　从吴淞铁路　　　　　到淞沪铁路

里斯蒂安·沃尔玛尔评论道："从上海通往吴淞口的铁路于 1876 年建成之后，在第二年就被拆除，因为中国政府对于外国势力来修建铁路十分恼怒，也不管事实上为了鼓励接受铁路，这条铁路已经被交给了中国。世界上没有哪个地方会因铁路的出现激起如此大的争议和反对，但考虑到中国几百年来都处于孤立和保守政权的统治下，恐惧外国、抵制变革，因此这样的结果也是必然的。"

铁路最终被清朝官方收回拆毁。10 月底，上海道派铁厂工人拆卸吴淞铁路上的火车，将其储于板箱之中。后来将拆下来的铁轨、车头、车皮等一起运到台湾堆放，任其朽坏。但是，吴淞铁路工程师玛理逊并不甘心事业的失败，两年后，他上书李鸿章，提出建设中国铁路的计划，并著文论铁路之利。

19 世纪末期，铁路可以在全国范围内迅速运输军队，终于让清政府认识到铁路的便利。1896 年 10 月，两江总督兼南洋大臣张之洞，援北洋兴修军务铁路之例，奏请创办沪宁铁路。并与直隶总督王文韶奏请先筑淞沪线，再筑沪宁线。11 月，清廷下旨准许兴筑淞沪铁路，委派直隶津海关道盛宣怀为总办。工程于 1897 年 2 月 3 日动工兴建，并向上海英商借款 1600 万英镑。淞沪铁路是沿着吴淞铁路旧线路修建的，因此吴淞铁路也是淞沪铁路的前身。

1898 年 5 月，督办铁路大臣盛宣怀与英国怡和洋行签订沪宁铁路草约二十条，沪宁铁路由中英合办，工程由英人包办。英商派工程师玛理逊等人测勘路线。9 月 1 日。淞沪铁路通车，11 月正式营业。铁路全长 14 英里，建筑费用 81 万两。自拆毁吴淞铁路到再修筑淞沪铁路，整整过了 21 年。

淞沪铁路的铁轨由汉阳铁厂制造，无须购自外洋。所经 12 条小河，建造铁桥。其后，清廷以铁路有利交通，迨沪宁线完成后，乃将淞沪铁路接轨，使之成为该路线之支线。

从此，坐铁路风气渐渐普及上海，附近百里以内的人，莫不疯狂地一尝这"鼎脔"，以致马车、大轿、人力车，接连不断地涌往火车站，弄得水泄不通，蔚成奇观。

随着江湾地区学校的增多，复旦、立达、劳大、农学院等校学生数量达2000 人以上，因此，淞沪铁路上，江湾站上下车者约占半数。列车平日 22 班，星期六、日，增加两班。淞沪铁路成为江湾地区师生的重要交通工具。当时的火车票价格：江湾至天通庵，三等座大洋 5 分，至上海北站，大洋 1 角。

1929 年 10 月 29 日，《申报》刊登署名为王梅璪的文章《淞游半日记》，其中写道："由沪而淞，第一站江湾，宝山县首镇也。桑历掩映，阡陌纵横，今则铁道洋房，俨然欧化。"诗人秦灵娱亦有歌咏江湾车站的诗："夕阳西下晚风吹，枯叶飘零弱不支。汽笛一声烟突起，轮车飞驶入云际。"

在和平的日子里，乘火车游览江湾，富有江南旅行之情趣："星期尾的晚上，一个偶然的约会中，乘一路电车上天通庵车站，依稀的电炬隔离了骚乱的都市之夜，觉得仅是一天的遨游，够偿两年来的宿愿。火车上的座位，舒适地安排着，迎窗送进来的风中，挟着一股不知名的气息。将沉重的头颅，安放在椅背上，燃了一枝淡味的烟卷，梦魂似的注视着琐碎的烟屑，几乎停止了一切的思潮。一声汽笛在静穆的夜室中叫起来的时候，才勾引起我的目光向窗外瞥去，树丛、房舍，在昏黄的路灯下向后逝去，那样迅速，或许那是个名胜的景地呢！想起霓虹灯光下高速度的动态，谁能否认这不是江南的旅行呵！"

1930 年，淞沪铁路向英国定购蒸汽车，在张华浜工厂装配，4 月 1 日开始

江湾: 历史与风景
JIANGWAN LISHIYUFENGJING

一·二八淞沪抗战时，铁路附近被破坏的情形

使用，座位、设施均好，驾驶亦感轻便，但往往延迟拥挤，乘客多感不便。考察原因，原来蒸汽车在英国系用特种煤料燃烧，而淞沪铁路仍用普通机车煤，致蒸汽难以蒸发，容易脱班延误，后来铁路公司选用上等煤料，解决了这一问题。由于江湾站为全线的拥挤段，铁路方面修改整条线路的行车时间，减少全线车次，腾出车辆，加开北站至江湾之间的列车，解决江湾站乘客拥挤的问题。

1932年1月29日，江湾车站遭日军飞机轰炸，荡陷为平地。战事结束后，车站管理方将宿舍改为临时办公室，旋经两路管理局招标承建，由上海义森记以4500元得标，经三个月建设完工。新的车站仿西式，富丽堂皇，既便利办公，对于来往旅客，提供舒适的候车环境，但在1937年八一三淞沪抗战中，车站亦遭日军炸毁，江湾站一带又一次成为血战之地。

1935年，为繁荣"大上海计划"中的市中心区交通，上海市政府与铁道部合作，建筑淞沪铁路江湾站至三民路（今三门路）的支线，由市政府代征，提供土地，铁道部提供材料，进行建设，土方及木桥两项工程，由昌记及蔡记两营造厂承建。淞沪支线于同年10月通车。

三　　从吴淞铁路　　到淞沪铁路

高境庙站纪念石（方忠麟　摄）

淞沪铁路江湾站遗址（方忠麟　摄）

江湾站遗址纪念碑文（方忠麟　摄）

四

粤东中学：

粤东中学校舍鸟瞰图（虹口区地方志办公室

江湾的木棉花

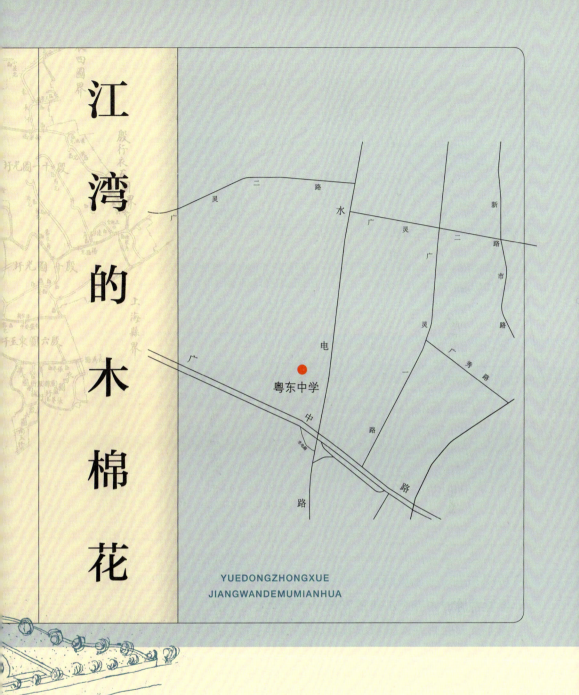

粤东中学

YUEDONGZHONGXUE
JIANGWANDEMUMIANHUA

卢颂虔校长

　　粤东中学的前身是位于北四川路（今四川北路）的广肇公学，其是与西童公学男校、日本小学（北部小学）媲美的虹口中外三大名校之一，亦是粤侨培育的木棉花。

　　广肇公学为广东中山人卢颂虔（1891—1983）创设。1912年秋，卢颂虔来上海，因立志从事教育工作，留在上海办学。1913年1月，卢颂虔与卢树屏经过几个月筹备，得到同乡卢著卿、卢炜昌两先生赞助，租北四川路清云里两幢民房为校舍，设立培德小学。2月19日开学，最初的男女学生仅27人，皆为初小程度，都是广东人子弟，由两名教师分担各科课程。同年底添聘教员，扩充学额，增设高小年级。当时的学校条件，如上海一般的里弄小学，"屋宇既陋，设施亦简；既无运动之场，亦无专科之室；即体操游戏，亦只举行于方丈天井之中；且以地近市廛，远离郊野，空气环境，均极不宜"。

　　1922年1月，培德小学改名广肇公学，改归广东同乡组织广肇公所设立，卢颂虔仍任校长。1923年，广肇公学于北四川路横浜桥堍的福德里建成新校

粤东中学：江湾的木棉花

四

广肇公学旧址（方忠麟 摄）

20世纪20年代，位于北四川路的广肇公学

舍，占地 5 亩余。学校有占二层楼四分之一面积的讲堂，以及教室、理化实验室、博物室、美术室、书艺室、露天操场与风雨操场、图书室、史地室、宿舍等。

广肇公学有自己的校徽：方形，紫缘，旗中为赤色英雄花（即木棉花）三朵，同蒂分生，成正三角形，罩以绿环，上书"上海"，下书"广肇公学"，均右行横书紫色。

南京政府成立后，上海特别市推出都市现代化的"大上海计划"，其核心是在租界以外的江湾地区，重建华界新都市，与外国列强势力抗衡，适应日益高涨的民族主义需求，推动中国自身的现代化进程。关注学校教育，不仅推行新学制，还要求改良私立小学，这也是"大上海计划"的重要内容。

1929 年 8 月 1 日，广肇公学遵上海特别市教育局令，改称上海特别市私立广肇中小学。1930 年 3 月 15 日，又改称上海市私立广肇初级中学，而将小学部改为附属小学，即广肇公学第一小学。虽然办学成绩斐然，但由于学生人数激增，原在北四川路的校舍与编制已经不能满足日益增长的入学者需求。面对如此情形，建造一所更现代化的校舍，设立高级中学，成为广肇初级中学在新形势下的新课题。卢颂虔校长指出：广肇中学不仅是旅沪粤侨的教育机关，也承担着大时代所赋予的历史使命。复兴广肇，不仅是复兴旅沪粤侨的教育，亦是为国家民族预培若干复兴的种子。"教育事业，为一切事业之础石，亦即国家民族求生图存之基本要着。国家民族之环境愈艰苦，则教育事业所负之使命愈重大，而有赖于'刻苦自强'以为改善环境、克服难关之利器者，亦愈迫切。此固吾人素所同具之信心，亦殆万古不易之铁则也。"

正是怀着这样的信念，在"大上海计划"蓝图指引下，广肇中学开始迈向更高级的粤东中学之路，而新校址选择位于"大上海计划"中的江湾，则是当时上海学校的人气地。广肇的学生家长也有如此愿望："希望在短期内，在江湾附近另觅广大场所，建筑新校舍及多种树木，使学生脱离市廛不良之引诱，而多受天然美之感化。"

　　扩充广肇中学之议，始于 1930 年春，只是由于一·二八淞沪抗战爆发而暂停。1932 年 7 月，校董陈炳谦在水电路捐助 18 亩，添购 32 亩，共 50 亩地，后增购 50 亩，最终决定 200 亩，并得到国民政府内政部批准。校舍建筑原则是工厂式，即朴实、坚固、适用。设计者为华人建筑师李锦沛、范文照、关颂声。

　　1933 年 12 月，为谋学生通学便利，学校呈请市政府在虹口公园游泳池斜对面的派克牛奶场门口起，开辟马路直通水电路新校址。1934 年 1 月，上海市府准予照办，学校愿承担建筑通利路工程费 6700 元。同年 6 月，学校又致函市府，将原名通利路改称广中路，即广肇中学路，以资纪念。7 月 16 日，吴铁城市长回复准予照办，并由工务局知照土地、公安两局查照。8 月 26 日，广中路竣工。为一所私立中学学生通学便利而建筑一条马路，又以一个私立中学名字命名一条道路，这在上海是罕见的事。

　　1934 年 6 月 20 日，广肇中学新校舍第一期工程开标，募捐委员会、建筑委员会成员均到场监督，投标者共 20 家，最高 189000 元，最低 121450 元。22 日，决定交于光华营造厂承办，造价 125000 元，另由该厂认捐学校建筑费 4000 元，实际上是选了最低的标价。

第一期工程：礼堂与办公楼 1 幢（照南堂），礼堂可容 1000 余人，办公楼下层为各部办公室。教室楼 1 幢（伯昭楼），计有普通教室 10 间，专科教室 5 间，厕所及清洁室若干，可容学生 400 余人。宿舍 1 幢（永安楼），有住房 37 间，可容寄宿生 144 人。体育馆 1 幢（许母体育馆），大运动场 1 所（炳炎运动场），东西操场各 1 所，纪念亭、纪念碑各 1 座，此外还有饭厅、厨房各 1 幢。后期的 1 座图书馆已开工。此外，还计划建造宿舍楼 3 幢、教室楼 3 幢、工厂建筑 2 个、游泳池 1 所、运动场看台 2 个等。

1934 年 9 月 9 日上午 10 时，举行新校舍奠基典礼，吴铁城市长，文鸿恩局长，陈炳谦、郭乐、郭顺、李大超、唐宝书、劳敬修、杨润之等及同乡各界来宾 3000 余人。由吴铁城市长奠基并致吉词："唯兹广中，素望昌隆。培

江湾：历史与风景

JIANGWAN LISHIYUFENGJING

1934年9月9日，广肇中学新校舍奠基典礼

材立德，梓里所宗。莘莘学子，风响景从。不有广厦，何有兼容。乃告乡人，嘉猷共举。经之营之，规模乃具。爰立之基，百祎斯聚。垂万千年，英才永萃。"

上午的奠基礼十分隆重，市公安局军乐队到场奏乐，广东兄弟树胶公司赠送小橡皮球 130 打，上海畜植公司赠送鲜牛奶，泰丰、冠生园、利民等公司赠送饼干、糖果，以飨来宾。是晚，全体教职员举行聚餐会，以示庆祝。同年 11 月底呈准教育局添办高级中学。

1935 年 1 月，经建筑校舍募捐委员会决议，正式改名上海粤东中学。同年 11 月 26 日，举行新校舍落成礼，同时展览中学及两附小学生成绩。上午 9 时，举行学生军、童子军检阅，10 时举行落成典礼。吴铁城市长、张发奎将军、市教育局代表陈公素、校董、各界来宾、学生家长等 2000 余人出席，吴市长、张将军及各代表相继致辞。晚间由永安公司永安乐社同人赠演粤剧。次日上午举行图书馆奠基典礼，吴铁城市长及校董等 1000 余人出席，吴铁城亲

粤东中学正门

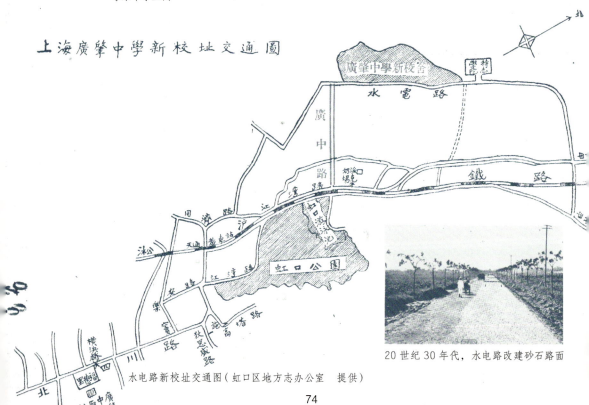

水电路新校址交通图(虹口区地方志办公室 提供)

20世纪30年代,水电路改建砂石路面

江湾的木棉花：粤东中学

四

粤东中学照南堂（虹口区地方志办公室　提供）

粤东中学永安楼（虹口区地方志办公室　提供）

粤东中学伯昭楼（虹口区地方志办公室　提供）

YUEDONGZHONGXUE

JIANGWANDEMUMIANHUA

75

粤东中学校旗

奠基石，并有新胜和体育会舞狮，精武体育会表演国术。晚间举行音乐大会，邀请沪上著名音乐团体参加演奏。

在新校舍落成典礼的一个月前，即10月26日，《申报》以整版篇幅刊登《粤东中学新校舍落成纪念刊》，主政广东的"南天王"陈济棠题词："鸿都伟观"。粤东全体学生为庆祝新校舍落成，赠送礼堂丝绒帐幕，全体教员赠送木联一副，上书"一瓦一砖皆父老血汗易来，深冀诸生立德立功立言"，"知己达人是教师职责所在，惟愿同仁竭心竭力竭智"等语。

同年，上海市教育局传令嘉奖："该校校舍新建，宽敞合用，设备良好，行政有条不紊，教学合法，训导有方。学生活泼秩序，成绩斐然。"

粤东中学的校训是"刻苦自强"。校徽依然是赤色英雄花，但根据学校的发展而有所变化：花开三朵，罩以绿环，花外饰有三角形，象征着学校的中小三校一体（即广公一小、广公二小及粤东中学），白色两横线象征本校之高中、初中两级，其色白，表光明坦白。底色蓝，表示发奋努力。

校训

刻苦自强

卢颂庭题

粤东中学校训

校歌由本校音乐教员张亦庵创作："东亚之东，南国之雄。北来万里，饮水吴淞。莽莽神州，狂流汹涌。谁为砥柱，首扼其冲？欲成乔木，根株培壅。将降大任，磨折其躬。唯我学校，如熙春风。肇始培德，广为粤东。育我成材，为仁为勇。德群体智，四育兼攻。珠江之流，滔滔不息。红棉之花，吐艳熊熊。"

依照国民政府颁布的中学法，上海市私立粤东中学采用三三编制，分高、初两级，修业期限各三年。设校董会，代表设立者负经营本校之责。设校长一人，综理全校一切事宜。训育主任一人、教务主任一人、事务主任一人、体育主任一人、图书馆主任一人。设校务会议，由校长及全体教职员组织之，议决并执行全校重要事宜，除学期初、中、末各举行全体会议一次外，平日以常务会议代之。常务会议议员为校长、各部主任、教务主任及训育部各股股长，及各科首席教员。校务会议主要审查下列事项：拟定学校具体方针、审议预算决算、审议校舍建筑、审查学校经济、审核各部各委员会议决重要事项、审议扩充设备事项、审议学生奖励事项、其他一切事项。粤东中学档案中的校务会议记录，详细地表达了校务委员对于上述审查事项的意见，也是校方教育方针及其实施状况的真实反映。

粤东中学以依据总理遗教、

1932 年 7 月的粤东中学档案中关于议决建筑新校舍相关事项的

（虹口区地方志办公室　提供）

国家教育宗旨及其实施方针为纲领，尤注重国民道德之陶冶、民族精神之发扬、自立能力之培成及健全人格之锻炼。其有七大原则：（1）实行分工合作，破除教学与训导分离之积习，规定全体教职员均须负训导之责任，以期通力合作。（2）厉行共同生活，教职员与学生之间，实行共同生活，教授尤须随时以身作则，以期潜移默化。（3）注重精神训练，以积极训练为主，以消极管理为辅，注

第　號　月　日

附錄廣肇公所董事會議議決案如下：

上海廣肇公所董事會議公推郭順先生為臨時主席唐寶書先生提議建築廣肇中學新校舍前由盧頌虔校長籌辦承陳炳謙先生捐助地基約十八畝許文亮先生認捐二萬元唐寶書先生經募曾經備棠以便進行後因「一二八」滬變發生此事暫為擱置現擬請公所撥助四萬元俾得早日觀成溫欽甫先生和議眾贊成

七月十一日上海廣肇公所董事溫欽甫先生等函請吳市長

粤东中学数学室（虹口区地方志办公室 提供）

重精神训练，以培成健全人格。（4）实现精诚亲爱，遇事开诚布公，并施行爱的教育，养成和乐之校风。（5）增强民族意识，随时提示国难之经过及国家、民族现在所处之情状，彻底了解国民所负之责任，增强爱国爱民族之观念。（6）趋重实际生活，以实际生活为出发点。（7）联络学生家庭，遇事与学生家庭密切联络。

对于培养学生的目标，也非常明确：养成有强健刚毅之身心、养成有勇敢奋发之精神、养成有刻苦耐劳之习惯、养成有审辨明敏之思考、养成有优美高尚之情绪、养成有精诚团结之意志、养成有忠诚纯正之思想、养成有符合规则之行为、养成有整齐朴素之生活、养成有遵守规律之态度、养成有服务社会之热诚、养成有自主生存之知识、养成有好学爱美之兴趣、养成有雪耻图强之决心、养成有自治自律之能力、养成有爱国爱群之观念。

在教学上，以合于时代潮流、适于人生实用作为选择教材的标准。以国文为例，教材是叶楚伧主编的高级中学国文，正中书局出版。初中国文：精读

粤东中学图画室（虹口区地方志办公室　提供）

（每周 4 小时），略读（课外），文学及国学常识或略读指导（每两周 1 小时），作法指导或速写练习（每两周 1 小时），作文（每两周 1 次，每次两小时）。高中国文：精读（每周 3 小时），略读（每周 1 小时），作法（每周 1 小时），参考（课外）。阅读文：第一年以体制为纲，讲授时注意其特征及作法，第二年以文学渊源为纲，讲授时注意其派别及流变，第三年以学术思想为纲，讲授时注意时代背景及影响。精读：先将本题之大旨，全篇之要义，作者之事略，逐一说明，然后令学生分节朗诵，依次解释，再详细推阐其意义，辞析其文法。篇中有说理精警，文辞美妙者，更特别指出，养成欣赏古今名著之能力。英文：每周 6 小时，尽量采用直接法，用图画、实物及动作表示，朗读全篇课文两三次。语法部分，除讲解句子构造外，多举例子，使学生仿作。教学时，多设问答，使学生有多讲英文之机会。

　　除了规定的课程以外，粤东中学还在初中三年级及高中各年级中，设选修科目：英语会话、簿记、应用化学、应用文、无线电、应用美术、应用器画、

粤东中学学生早操（虹口区地方志办公室　提供）

文学概论（只限高中选修）等。

　　粤东中学的体育为其办学特色之一。他们认为，体育为教育之一种，不仅可以强健身体，辅助身体之发育，而且可以左右吾人思想行为发展的途径，实为整个生活训练不可少之科目，如社会道德、基本生活技能、善用闲暇之方法，公民必具之态度与能力等教育上的重要目标，均可借各种身体活动之训练而培养之。因此，设立体育教学的目标：锻炼体格，使身心发育健全，以振兴民族之准备；从团体运动中培养服从、耐劳、自治、忠勇、合作，守纪律及其他公民道德；养成生活上所需之运动技能，优美、准确之姿势，及以运动为娱乐之习惯。

　　学校的体育设施相对完备，如炳炎运动场占地20余亩，半圆式，中央为足球场，南北两端为田径比赛设备，围以400米跑道。许母体育馆内有健身房、篮球场，四边装有平梯、吊绳、吊环、行走环、手拉健身器、拳球、木马、双杠等器材。西操场内设两个篮球场、早操场。东操场有1个排球场，3

个小排球场，3个网球场。

体育课程及实施办法：每周上课3小时，但每日下午3时以后，为体育专用时间。课外运动：学生每周必须参加课外运动两小时，在田径、篮球、排球、足球、小球、西洋拳、垒球、医疗改正操等8项中任选两种，田径为必选之一。每

粤东中学健身房（虹口区地方志办公室　提供）

半学期改选一次，以增其趣。运动比赛，主要是班际球类锦标比赛。田径运动会，每年举行一次。1935年10月10日，第六届全国运动会在上海开幕，学校连续放假3天，以便师生前往观看。校外比赛，主要参加上海市中国青年会篮球、排球锦标比赛、上海市中等学校联合运动会及与各中等学校各社团等球类友谊比赛，并取得较好成绩，如1934年5月，参加中学春季运动

会，获乙组田径赛亚军，10 月与精武会排球比赛，3 比 1 获胜。与英华排球比赛，亦以 3 比 1 取胜。1935 年 1 月，参加中国青年会主办的篮球联赛，十队循环赛，成绩为 8 胜 1 负。4 月，与新力队比赛，以 48 比 13 获胜。1936 年 10 月，第四届上海中学运动会，初中学生成绩获亚军。1937 年 1 月，参加上海市第二届铁城杯篮球比赛，获乙组冠军。

此外，粤东中学还实施优待教职员子女入学的办法，根据任职年限，给予不同的优惠。如专任教职员任职满 4 年至 6 年，其子女一人可免收全部学费，另一人免收学费二分之一，兼任者得一人免收全部学费。凡教职员任期 8 年至 10 年者，其子女二人免收全部学费，另一人免收二分之一。兼任者得一人免收学费，另一人免收三分之二。除教职子女外，凡为直属、亲属，如胞弟胞侄等，而须教职员负教养责任者，得以照上述各条折半办理。这一优惠方法的实施，使教师子弟的免费入学率大大提高，父子、父女、兄弟姐妹同校的现象远远多于其他学校。

四　粤东中学：江湾的木棉花

据 1936 年第一学期统计，粤东中学初中部学生 341 名，高中部学生 105 名，共有 446 名。初中毕业会考成绩：第一届（1933 年 6 月），该校初中学生参加毕业会考，全部及格。第二届（1934 年 1 月），参加毕业会考之全市各中学，得奖者只有三校，粤东居其一。全市初中学生得奖凡十三，粤东学生居四。国文科作文第一名，为粤东学生赵士明所得。1934 年 6 月，粤东中学初中部应届毕业生，参加上海市教育局主办的全市中学生会考，全体合格，总成绩列甲等。个人成绩甲等者 70%，余列乙等。

位于江湾的校园，面积辽阔，园地特多，两年来遍种树木，不下 5 万株。校医梁庚长就赠有古梅 4 棵、东洋竹树 150 株、芭蕉 10 株。"校中花木葱倩，水石清幽，良足悦性怡情，消烦遣闷；课余有暇，以息以游，信步闲行，无窒无碍。"

粤东中学所在的江湾水电路，是上海两次淞沪抗战的主要战场。1936 年 9 月 23 日晚，日本水兵在虹口被刺，日本海军陆战队在周边地区进行严密布防和大搜查。粤东学生表现出爱国、爱校的精神。"广东人的子孙不是随便可以吓缩的，你看这次上海水兵血案发生后，一时满城风雨，我们附近的学校不都是停课而稍避风头吗?""尤其是我校首当其冲，但我们并不停课。虽然直接间接都免不了他们的骚扰，但是每天仍有极大部分同学照常上课，最低限度也到了全体的五分之三以上。至于寄宿生方面虽然有一部分的新同学由住读暂时改为通学，但仍有大部分同学留在校内，甚至最紧急的两晚，他们仍不离校，家里的人唤他们回去，他们也不理会。师长问他们为什么，甚至说到真的战争发生时，校舍尚且难保，学生也不能说是有绝对保障的，他们仍不肯离校，不顾一切，甘与学校共存亡。"

1937年5月，淞沪抗战前夕，形势日益紧张，学校为了让学生对时事有进一步了解，对学生进行测验，6月8日，为增进学生的民族意识，举办公民讲演比赛，并拟定讲演题目：高中生：（1）中日交涉之前景。（2）最近国际形势与中国。（3）我们目前对于国家应负的责任。初中生：（1）绥远战争与我国前途。（2）复兴民族之我见。（3）我们对于国家应作如何之准备。学生自认一题作准备，由各级公民课教师会同班主任选定代表参加，在大礼堂举行。

雄心勃勃的"大上海计划"，因 1937 年淞沪抗战而中断，与此同步的粤东中学校舍，亦在战争之初被毁，并被日军改建为兵营。1945 年日本战败后，为国民政府军政机关征用。此后虽有多次复兴之机遇，但均未如愿。粤东中学在江湾水电路的那段历史，成为上海教育史上重要的篇章。

五

叶家花园与

澄衷医院

上海市肺科医院

三门路　政云路　政立路

淞沪路

闸殷路

政恒路
政高路

政学路

武川路

武东路

政民路

国定路

政通路

国帝路

YEJIAHUAYUAN

YUCHENGZHONGYIYUAN

　　江湾叶家花园为沪上巨富叶澄衷先生的遗产，由其子叶子衡建造、管理。该园位于江湾跑马场西，占地 80 余亩，仿西湖景色，四周环水，湖中耸立亭阁，山石堆砌，亦极尽曲折湾环之妙。有亭阁十余处，大小不一，多是西式建筑，并有人造瀑布，巨细各三处，若在流泻时，淙淙琤琤，大珠小珠，如置身于匡庐间，又有清水一泓，波光激滟，云岭蕤葩，倒映如画。山石后有巨栋三楹，为叶家祠园。时人称叶家花园为上海私人花园中最美丽最时髦者，但非经熟人介绍，外人不得入内游览。

　　1931 年夏季，上海盛行夜花园活动。8 月 15 日，叶家花园租给由卓达吾、周慎锦等人组织的同庆公司，改作游戏场，正式开幕，营业至深夜，又称叶家

20 世纪 40 年代，叶家花园的樱花（于吉星　提供）

叶家花园的庭园

夜花园。因风景清幽，空气新鲜，为市民所赞美。针对游戏场千篇一律和交通不便的质疑，同庆公司在《申报》打出大幅广告，予以介绍。

风景之略谈："柳浪闻莺，湖滨小憩，紫竹林中观自在，栖云洞入小罗浮，延爽馆酌酒谈心，回波亭举杯邀月，桃叶渡双桨轻摇，蕉香馆两情共舞，银河倒泻观飞布，藕香村畔乐逍遥。""栖云洞"位于园中假山下，"延爽馆"为园中西式洋楼，俗称小白楼。

设备之特色："露天跳舞、著名影戏（不另取资）、游船（武陵源）、弹子、跑驴（萍花小集）、焰火（蕉香馆）、诗钟、文虎、钓鱼、枰棋（自由择地）。雅人韵事，无美不臻。"

交通之利便："自用汽车，可由四川路直入江湾路，转叶氏路，即抵本园。又，由宝山路口，乘坐闸北公共汽车叶园专车，直抵园门，每位铜元三十三枚。特约汽车公司，在本园设站，规定由叶园东至虹桥二元，西至新世界二元，静安寺二元五角，南至北四川路桥一元五角，郑家木桥二元，北火车站一元五角。"这里说的"虹桥"，为虹口港的上内外虹桥，时为虹口的交通中心。

澄衷医院

叶家花园与

五

现上海市肺科医院的园林景色（方忠麟　摄）

叶家花园的风景

营业时间：每天上午 10 时至深夜 2 时。

游券价格：每位大洋 1 元，15 岁以下半票，7 岁以下幼童免费。

但是，叶家花园改作游戏的夜花园后，普通市民虽能入园游览，但对所谓游戏新设备，并无好感。"湖山不改，花鸟依旧，所易旧观者，只于苍山怪石之间，满饰红绿电炬，更糊以彩色纸花，恶俗不堪。以视前游，殊有云泥之判也。""考而夫球场，设于小阜上，湫溢不能回旋，设备之简陋，以视明园尤为逊色，亦可见其仓促急就，求全之不易也。其他所谓高尚娱乐之网球、乒乓、文虎、枰棋、报室，俱未见及，不知设于何处？""露天跳舞场，占地不广，音乐亦平庸，联翩起舞者，殊不多见，每次有三五舞侣，翩翩其间，聊资点缀，盖亦略备一格而已。""舞场之侧，并启演电影，是日所演，剧名为《爱国男儿》，光线暗淡，似为 17 世纪出品，但见憧憧人影，出没于银幕之上，是诚名实相副之影戏也，观者俱为匿笑，而该园犹以最新电影自诩，殆亦见仁见智，眼光各有不同耶。"

由于夜花园失去园林的真趣，为爱恬静的仕女所不取，不久便告结束。

五　叶家花园与澄衷医院

现上海市肺科医院延爽楼（方忠麟　摄）

不过，叶家花园的景色已深入一般人的脑际，所以每岁有公益慈善等机构举行公募游艺活动时，叶家花园是重要的场所。园景融入中西，亭台楼榭，花木池沼，有的是古代情调，有的是欧西色彩。周边多大学，每逢星期天，青年学生游园者甚多，使寂寞园林生色不少，因而有人称叶家花园是江湾的公园。由于远离市内，1934年出版的《上海顾问》（王定九编著），曾有"游叶家园"的介绍，特别提到兜风的交通方法："到叶园去，非但游览园景，并可附带兜风，倘携异性伴侣，雇了一辆出差车，沿神秘路北四川路折入江湾路，循东西体育会路，或沿百老

澄衷医院

汇路，至提篮桥，折入军工路，至五权路，市中心区域，都可赏览沿途风景。"

当时上海的人口超过 300 万，但病床数量不满 5000，医疗设备严重不足。特别是 1932 年一·二八淞沪抗战以后，伤兵伤民和难民的医疗问题，更为突出。1933 年 2 月，上海医学院创设者颜福庆与叶子衡相遇时，谈及上海医疗困境，颇有共同语言。颜福庆，出生于江湾，幼年丧父，从 6 岁起由伯父、圣公会虹口救主堂牧师颜永京抚养，就读于上海圣约翰中学和圣约翰大学医学院，1906 年赴美国耶鲁大学医学院深造，1909 年获博士学位。1915 年参与组建中华医学会，任第一届会长。1927 年在上海组建第四中山大学医学院，1928 年改称国立中央大学医学院，是中国人自主创办的第一所国立医学院。1932 年，医学院校舍毁于一·二八淞沪抗战，此后移址枫林桥地区，更名国立上海医学院。颜福庆曾在圣约翰大学任教，叶子衡毕业于该校，故有师生之谊。叶子衡因痛心家国，举办公共事业，便慨然以叶家花园相赠，设立上海医学院实习医院。

叶家捐赠的上海医学院实习医院，为纪念园主之封翁叶澄衷先生，定名

五　　叶家花园与澄衷医院

澄衷医院，设肺病疗养部、神经疗养部、普通疗养部，为上海最完备的疗养院，并利用固有风景，为病人偃游憩息之所。1936 年 6 月 15 日开幕。澄衷医院的横额，系上海著名慈善家、书画家王一亭的手笔，颜福庆兼任院长。

澄衷医院维持叶家花园原状，将原有房屋改做病房，先设肺病疗养部，由美国煤油大王罗氏基金董事会捐赠爱克斯光镜，以便检查。其他如太阳灯、空气注射器等新式医具，大致皆有。精神疗养部，特聘奥地利著名医师主持。普通疗养部，专收慢性勿药诸症，与普通医院不同。普通医院，仅收急症和亚性病症，一经治愈，即令出院，以便收纳其他病人。肺病疗养部的头等疗养室共 7 间，每间收纳肺病患者 1 人。二等疗养室共两间，每间 3 人。三等疗养室两大间，仅限男性，每间 5—6 人。该医院所收之肺病病人，仅以疗养性质为主，无论肺病之轻重，均须到红十字医院诊治后，再转来该医院疗养。

同时，澄衷医院作为上海医学院的实习医院，也是教学实习场所，师生合作，努力研求，含诊疗与教学的双重医院，也与一般医院不同。

1935 年 3 月，为纪念美总领事克银汉的夫人，中华慈幼协会在叶家花园建

造克银汉夫人纪念堂，在堂内设立江湾慈幼瘰病疗养院。最初有50余名儿童来此疗养。

1937年11月，淞沪抗战后，叶家花园被日军侵占，改名"敷岛庭"。1940年7月，移交日本居留民团管理。

抗战胜利后。澄衷医院恢复业务。1947年2月，国民政府又在此设立防痨医院。1949年4月，为使专科以上的病患学生得到治疗机会，澄衷医院另拨两间病室，专为学生救济会介绍去的病患学生住院治疗，名额暂定30名。学生救济会除负责病患学生的一切住院治疗费用外，还经常供给病患学生各种具有教育性之书报杂志与娱乐用品，以调剂病中生活，获得精神治疗的效果。

1950年11月，澄衷医院划归上海市卫生局领导，更名为"上海市立澄衷肺结核病防治院"，现为上海市肺科医院。

澄衷医院

叶家花园与

五

现上海市肺科医院的庭园（方忠麟　摄）

现上海市肺科医院的莲湖（方忠麟　摄）

六

江

湾

江湾名医、上海中国医学院院董蔡香荪

江湾素无医院。1921 年，万国体育会医院在镇南建屋成立，施诊给药，但不收时疫病人。

1922 年，蔡香荪、朱子云、王汉礼、徐可陞等人捐资创设江湾医院。蔡香荪为江湾世代名医蔡小香之哲嗣，专治妇科。王汉礼，上海亨利洋服总公司经理，孙中山结婚礼服及西装为其手裁，孙中山曾有亲笔题词，夫人浦女士肄业于私立同德医学院。徐可陞，苏州博习书院毕业，美国奥伯林学院学士，曾任美国扶轮社东京分社及上海青年会干事、上海总商会总务主任等职。最初每年夏季在镇上武圣殿的空地临时设立时疫医院三个月，当以成绩良好，于是募资建造江湾时疫医院一幢，开诊初仍以夏季三个月为期，并略收时疫病人。1927 年上海特别市政府卫生局成立后，派员在江湾区内种痘，施打霍乱预防针，并派兽医师，驻镇检验宰畜牲等。

同年，医院移设江湾大寺场西救火会，院长为江湾前救火会会长倪苑香，医务主任为同德医院医师郑邦彦兼任（次年由顾庆医师兼任）。驻院医师为曾

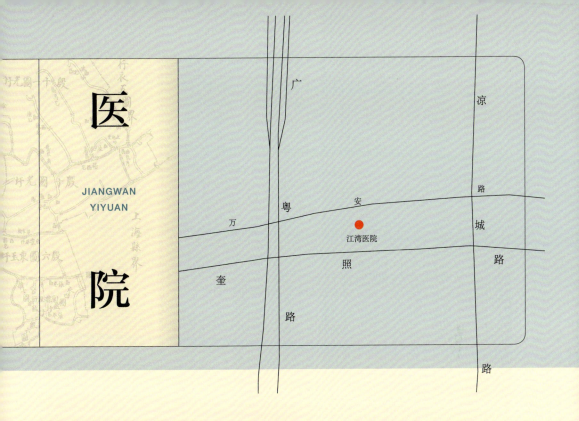

履冰、陈树真二女士。

　　1931 年，由江湾士绅朱鉴生捐助基地 3 亩余，建筑新屋。但在 1932 年一·二八淞沪抗战中全部被毁。战后百姓颠沛流离，经济困苦，身体衰弱，易致疾病，上海市卫生局设免费巡诊车 3 辆，配医生护士，自 1932 年 7 月 20 日起在各地巡诊，并

江湾医院

协助防疫，就诊者达 112073 号，直至江湾医院及吴淞医院、闸北诊疗所等先后恢复、建立后，才渐次停办。

　　1932 年淞沪抗战后，江湾医院由该院各董事热心捐助，重建新屋。房屋由徐炳记营造厂廉价承包。1932 年 6 月 20 日，在奎照路蔡园设立临时诊所。

江湾医院妇产科

8月8日，举行开幕仪式。市卫生局局长胡鸿基作为吴铁城市长代表，共百余人出席。院舍分内科室、外科室、手术室、病房、配药室等，设备较为完备。同年11月，看病人数为1835人。

因江湾无产科医院。1932年12月7日董事会决定，聘请王汉礼任院长，筹设产科。聘前同德医院医师王息广为医务主任，王锦兰为产科主任。医院于夏令秋季，主治疫病，平时改设产科，兼理普通疾病。该院系救济贫病，分文不取，经济颇有困难，由各慈善家陆续资助，得继续办理，不致中断。次年2月14日，院务会议决定，收挂号费铜元6枚。

1933年5月，颜福庆允就任董事长。同年6月7日，江湾医院假座功德林，举行全体董事会议，并欢迎新任董事长颜福庆。市卫生局局长李廷安，暨董事蔡香荪等20余人出席。同时，慈善赛马项下拨助3000元，作添建院舍之用。

江湾医院产科设立以来，对于市民惠福不浅。该院中医师伍正已，毕业于同德产科学校，张汉英医师，毕业于中德助产学校，章保群医师，毕业于伯特利产护科学校。这些医师对于产科，尤属专长。为便利家境困苦起见，设免费接生，无论住院或外出接生，概不取手术费。日往求诊者，极为踊跃。1933年1月11日，居江湾万安路75号周太太，入该院分娩，经伍医生诊断，系难产，试用手术，母体胎儿得以安全。

同年10月，上海市卫生局为统一卫生行政起见，特请江湾区士绅吴福清等人、江湾医院创始人蔡香荪等人，洽谈将江湾医院移交给卫生局接办事宜，改为江湾区卫生事务所。11月1日，江湾医院与卫生事务所正式合并。房屋修缮，历时三个月。诊疗病人，继续进行。同时，卫生所在江湾进行的其他项目，亦照常进行，还新增项目，如派员接痘、免费接生、改善道路清洁、卫生演讲、卫生运动等。

1935年4月23日，江湾区卫生委员会假座叶家花园招待江湾医院院董，及当地学校校长，由主席委员颜福庆主持，讨论江湾卫生事务所经费，由地方担任部分，未收足之款，由院董和校长承担。

1935年6月，上海举行第十四届卫生运动展览会，除了公共租界、法租界的展览品外，特设上海市卫生局展览室一间，内容有七个方面，其中乡村卫生方面，陈列高桥、吴淞、江湾的卫生事务所展品，医药救济方面，陈列包括江湾医院在内的市立医院、传染病医院、吴淞医院等设备、现状、历史、计划、章程等。

  1937 年，江湾医院作为上海市政府指定的 21 所戒毒医院之一，兼行禁毒事宜，经戒绝后，发给戒绝证书，以资证明。

  1937 年 5 月 25 日，国民政府颁发第 1164 号指令，"以蔡香荪前后捐助并经手劝募巨款，在上海创办公立江湾医院，拟依照捐资兴办卫生事业褒奖条例第二条第三款之规定，由署颁给金质一等褒章一座，以昭激励。"蔡香荪为筹建院屋及日常开支，总计捐助 39000 多元。同年 7 月 24 日上午 10 时，上海市卫生局局长李廷安在江湾卫生事务所举行授奖典礼，与会者 50 多人。李廷安指出：蔡香荪先生是一位名医，人民所得恩惠已是很大，而他更能热心地方公益、捐资创办卫生事业，如接通自来水、创立医院，如此热心公益、实属难能可贵。新明中学校长王忠明、立达学园校长陶载良、江湾卫生事务所所长江世澄、市民联合会代表谈益民等也在会上发表演讲。上海市卫生局此次授奖典礼，颁给蔡香荪一等金质褒章，实为本市第一人。

  1948 年 9 月，著名画家张聿光曾在江湾医院治疗痢疾，住院期间仍为一家金鱼场打样设计布置。

  1953 年，新的江湾医院落成，这是上海市人民政府为市郊人民建立的第一所综合性医院，位于江湾镇北首、逸仙路、场中路口的田野中，院舍是红瓦青砖，周围栽培了许多树木花草，环境幽静，空气新鲜。

  建造计划自 1952 年 6 月筹划，10 月动工建设。1953 年 9 月 12 日开幕，14 日正式开始应诊。该医院的服务对象主要是江湾区人民，同时也兼顾邻近

1953年建成的江湾医院（江湾医院　提供）

大场、吴淞等郊区的人民。各科齐全，门诊设内科、外科、妇产科、小儿科、眼科、耳鼻喉科、牙科、皮肤花柳科、X光科和检验科，有两间手术室。住院部设有病床80张，婴儿病床20张。

　　首任院长由江湾区卫生科科长鞠洛夫兼任。副院长由华东军区人民医学院附属医院副院长王士成担任。王士成，江西上饶人，1925年毕业于同济大学医科、曾任中山大学第一医院内科助教。1933年，赴德国维也纳大学攻读外科医学，妇产科医学，获博士学位。回国后，任第四战区兵站总监部卫生处处长、联勤总部上海总医院少将院长。解放前夕，利用其院长身份，掩护进步人士，保护医院财产，被人民解放军顺利接管。

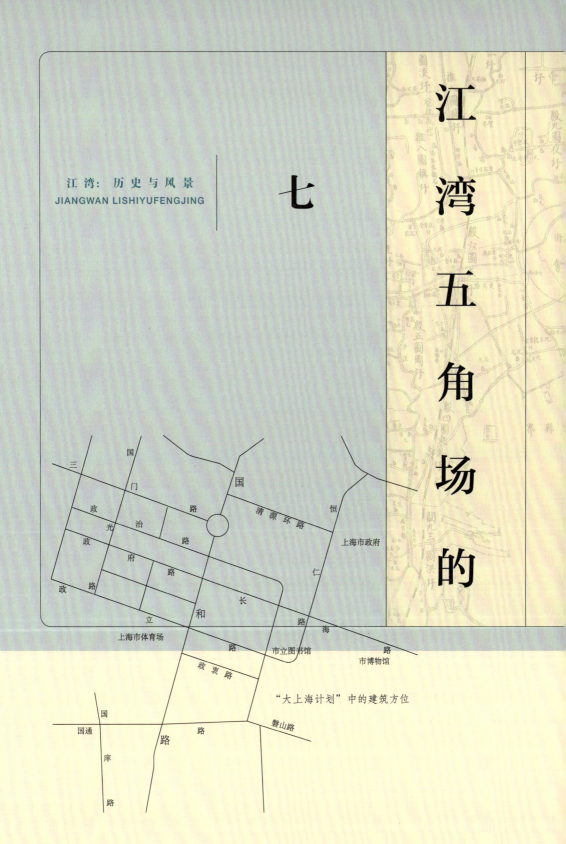

江湾：历史与风景
JIANGWAN LISHIYUFENGJING

七

江湾五角场的

国门路
三
政光
治
政府
政路
立
和
清源环路
国
恒
仁
海
路
上海市政府
长
路
市立图书馆
市博物馆
路
上海市体育场
政衷路
"大上海计划"中的建筑方位
国通
磐山路
国
岸
路
路
路

『大上海』建筑

1935 年 10 月 10 日，第六届全国运动会在江湾体育场举行

JIANGWANWUJIAOCHANGDE

DASHANGHAIJIANZHU

1927年上海特别市区域图

　　20世纪30年代，位于上海东北的江湾五角场，有一群宏伟的中国古典式建筑，这是上海市政府重建华界"大上海计划"的产物，也是上海现代化进程的历史见证。

　　上海，作为国际都市而扬名东亚，其实上海有地域与都市之区别：就地域概念来说，上海除了公共租界、法租界以外，还有包括南市、闸北在内的华界，即所谓的"两界三方"。但是，就都市上海而言，特别是摩登上海来说，上海指的就是两个租界，特别是苏州河以南的旧英租界地区。1924年出版的《上海轶事大观》说："上海二字，系包括全邑而言，凡在邑境范围之内者均应称为上海，无待言也。乃流俗所指上海，仅南至洋泾浜、北至苏州河、东至黄浦滩，西迄泥城桥，专属英租界之隅，名为上海。故在虹口或南市之人赴英租界者，每曰'到上海去'。"事实上，一般民众就是这样俗称都市上海的，从华界地区到旧英租界去，都说"到上海去"，这种俗称延续了很久。

　　租界上海的繁荣与华界上海的落后，特别是城市基础设施的差距，非常明显，这对于追求主权独立和民族振兴的上海人民而言，是一个沉重的话题。

1927年7月7日，上海特别市政府成立，与南京一样，成为国民政府中央直辖市。1930年7月，根据国民政府的市组织法，改特别市为中央直辖市，直隶于行政院。上海市区的范围：原上海县属的沪南、闸北等十一市乡，及宝山县所属的吴淞、高桥等六市乡，一律改为区。松江、青浦、南汇等县虽有部分乡划入上海市，但当时暂缓接管。

新成立的上海特别市政府雄心勃勃，为适应日益高涨的民族主义需求，推动中国自身的现代化进程，计划实施大上海计划，其核心是在租界的外围重建华界的新都市，与外国列强的势力抗衡，以图将上海建设成一个内联全国，外通四海，能"取租界而代之"的大都市。上海特别市首任市长黄郛在就职演说中道："上海为中外通商巨埠，轮轨辐辏，商贾云集，近且密迩首都，资为屏蔽，于军事、政治、外交、金融各端，莫不居全国中心而为之枢纽，中外观瞻所系，关系实为重要。"

大上海計劃圖

上海市中心区域建设委员会绘

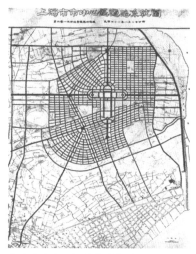

上海市市中心区道路系统图

"大上海计划"规划图

　　1928年7月，上海市政府组织人员进行实地考察，选择翔殷路之北，淞沪路之东，闸殷路之南，为建设市中心区之地点。"市中心区"是全市文化建设的中枢。根据预定计划，市府大厦（1933年）、市图书馆（1935年）、市体育场（包括运动场、体育馆、游泳池，1935年）、市博物馆（1936年），陆续在位于江湾的市中心区建成。同时，中心区域的道路系统联结吴淞港口和北火车站的水陆运输。

　　上海市政府大厦于1931年6月动工，1933年10月建成。中间因日本侵华的一·二八事变停工约6个月。故实际建造时间为一年零十个月。房屋为宫殿式，四面均装钢质门窗。下层四周建金山芝麻石石阶。正面石阶，自屋外地面直达大礼堂正面前，因拱成桥，俾车马可直达正门。阶旁有石狮两座及旗杆台两处。所有内外部水泥梁柱等，均用颜色彩画。第一层及第三层均为办公室，第二层为大礼堂、图书室及会议室，第四层为储藏室及员役居住之用。

　　市中心区十字形干道贯通其间。东为五权路（今民星路），西为三民路（今

七

江湾五角场的

"大上海"建筑

20 世纪 30 年代"大上海计划"的市中心鸟瞰图

上海市政府大厦开工时情形

三门路）。北为世界路，南为大同路。市府大厦，位于行政区中央，在四路会集之处。市府大厦前辟一广场，约105亩，登塔四顾，全市在望。广场之南为方池，池之南端，立五孔牌楼，为行政区之表门。池之两旁，可容纳美术文化的相关重要建筑物。市府大厦之北，建中山纪念堂，为公共聚会场所。堂前广场立孙中山铜像。市政府大厦的落成，标志着"大上海计划"第一期建设工程完成。

位于上海体育学院内的孙中山铜像（方忠麟　摄）

1933年10月10日，举行上海市政府大厦落成典礼，中外来宾数千人，在上海的所有中国和外国要人均出席仪式，民众参观者达10万余人。吴铁城市长发表演说道："以大上海计划的繁重与远大，现在市政府新建筑，仅能算是沧海之一粟。然而现在市中心区的地点，北近吴淞，南邻租界，东滨黄浦，西接铁路，地点适中，交通便利，数年以后，必有相当的发展。深望我们上海市民，要一致自信，不要依赖别人已成的建设，应该自己起来创造繁荣发展的新天地，以表现我们中华民族固有创造文化的能力。观乎上海市民过去对于建设上海市之努力，余亦深信将来必能使本市成为一最健全、最繁荣的大都市。"

飞机空中翱翔庆祝盛典的场面令万众瞩目。九架飞机均为中国航空协会所赠，为上海市第一号机、沪商号机、沪工

原上海市政府大厦，现上海体育学院办公楼（方忠麟　摄）

江湾体育场、体育馆、游泳池俯瞰图

业机、沪校号机、沪童军机号、宁波号机、浙江救国号机及航空学校练习机两架。当天上午 10 时，庆祝仪式正式开始，由保安队军乐队全体演奏，爆竹齐放，掌声雷动，此时，飞机"在天空翱翔，分散传单，一时五彩纷纷，甚为壮观"。

　　"大上海计划"中的上海体育场设运动场、体育馆、游泳池，为当时远东最大的体育场所，1935 年 5 月落成，同年 10 月举行全国运动会。《良友》画报为此设两个特刊进行介绍：（1）"本届全运健儿角逐场"（109 期），详尽介绍上海体育场设施之先进。（2）"第六届全国运动会开幕"（110 期），展现体育健儿的雄姿。

江湾体育场（方忠麟　摄）

运动场："面积达三万七千五百平方公尺，四周看台可容六万人之座位，中央为田径、足球、排球、国术等各场，看台下为运动员临时宿舍，可容二千五百人。休息室、办公室、播音室、餐室等无不具备。""台座依级横列，远看宛若城墙，备极雄壮。台高十公尺，四周围统计可至六万之看客。""中央特别看台，专为贵宾及招待记者而设，纪念幕内有电话二十余部，以备各报临时租用。"

体育馆："为室内之健身房，馆内广场可容篮球场三片，高设电灯四十八只，全厅可容座位五千，内附设办公室、更衣室、浴室等。""平时可设三篮球场，比赛时则仅设较大之场于中央，篮球架用白色铁质，能自由移动，与普通者迥异。"

游泳池："长五十公尺，宽二十公尺，尽头设跳水台一，跳水板二，池内壁灯共三十二盏。容水量为六十万加仑，滤水设备尤为完全。""滤水处有水锅三大只，浊水入锅，先有苏打及明矾消毒，滤清再回出池，循环不息，池水永远清洁，无须换水，实为设备之最新式者。"

1935年10月10日，第六届全国运动会在新落成的上海体育场举行，从田

江 湾 ： 历 史 与 风 景
JIANGWAN LISHIYUFENGJING

江湾游泳池外观（方忠麟　摄）

径、球类、游泳等方面展现中华体育健儿的雄姿。开幕式 3000 小学生表演太极操，"动作整齐，可谓洋洋大观"。

上海最早的博物馆是 1868 年天主教法国神父韩德（又名韩伯禄）创立的徐家汇博物院，其次是 1874 年皇家亚洲文会中国支会创设的上海博物院。"大上海计划"中的上海博物馆是中国人自立的博物馆，主要表现上海都市长成史，"将在遗物与模型之间映成一部历史"。1936 年，上海市博物馆落成，1937 年 1 月正式对外开放。《良友》画报曾刊出"知识之宫：行将开幕之上海市博物馆"的专题报道，并有《我们看·我们想——上海博物馆之参观》的专文："上海市博物馆，一所具备着中国古代的装饰美和现代最新的科学设备的崭新的建筑，和它正对门的上海市图书馆相互地辉映着，那便是吴市长自二十三年（1934）以来用款 30 万元经营以供大众享用的上海最新文化机构，那也是上海市最高文化艺术之宫之一。""上海是国际大都市，而上海本身又具有深长的历史，所以该馆不特要负着表现中国固有文化的使命，而且要把整个

原上海市博物馆，现长海医院影像楼（方忠麟　摄）

上海市图书馆

的上海呈现出来。所以它是个都市博物馆，同时也是个地方博物馆。""陈列之系列化，布置之艺术化，标签和说明文字之阶段化也是该馆的特色，甚而至于入门券之微也要令它废物利用，表现出教育的力量。入门券上印若干影片图画和统计文字，赠给观览者做纪念，据说一年要刊印一百五十种，这种潜在的教育力量是效力很大的。再说他们的研究工作也很可惊，现在已出有丛书七八种，都是该馆研究员、国内著名学者和该馆馆长部长主任执笔的。"

上海市图书馆于1934年9月动工，1935年10月竣工。外观采用西方现代建筑与中国建筑的混合式，美观坚固。门楼用黄色玻璃瓦盖，附以华丽之檐饰。四周的平台，围以石栏杆，充分显示中国建筑的特色。大厅、借书室、陈列室内部均用纯粹中国式华丽装饰，设朱红色之柱。书库能藏书50万册，阅览室可容300座位。还设有儿童图书馆、杂志报纸阅览厅、研究室等，1936年9月1日对外开放。首任馆长陆逵，英国伦敦大学毕业，曾任中央大学、暨南大学教授。

原上海市图书馆，现杨浦区图书馆（方忠麟　摄）

中国民族经济的复苏与新一代海归建筑师的诞生，为"大上海计划"的规划与实施提供了有力的基础。"大上海计划"中的新市中心区域的主要建筑都是中国建筑师董大酉（1899—1973）的杰作，他是美国明尼苏达大学的建筑学硕士，后在哥伦比亚大学艺术与考古系学习。1930年在上海设立董大酉建筑师事务所，并任上海市中心区域建设委员会顾问和建筑师办事处主任。那些简化的中国古典式建筑已成为江湾地区宝贵的历史遗产。

"大上海计划"关注学校教育，不仅推行新学制，还要求改良私立小学，但是，与租界的外侨学校相比，特别与是虹口的工部局西童学校和日侨北部小学相比，华人小学的校舍、操场等显得寒酸，不少还是所谓的"弄堂小学"。而《良友》画报报道的上海岭南小学，则为"全国小学之冠"，完全能与欧美、日本的在沪学校媲美。

上海岭南小学，为广州岭南大学分校之一，1927年，该大学校长锺荣光组织董事会，积极筹划，于1928年春季开学。以办理成绩卓者，学生增至

200 余人，教员增至 28 人，并增设初中部。

校址原在杨树浦荆州路，因学生数量激增。原校区不敷使用，1929 年在江湾新市区高境庙附近，先后购地 70 余亩，1933 年 7 月新校动工，第二年春告竣。1935 年春迁入。该校地处乡村，风景绝佳，水陆交通，均称方便，全部建筑工程，由沪名建筑师李锦沛、李扬安设计，由陶桂记营造厂承造，全部卫生设备由炳耀工程公司承包。设计注重坚固朴素，建筑材料采用国货，外墙用机制红砖，屋面用泰山黑瓦，简洁庄重，经济美观，堪称"全国小学之冠"，也可与租界学校媲美。

内部设计布置，极尽精密能事，宿舍两座相并列，宿舍前后，夹植花卉树木，前面并辟有广大园圃，加铺草皮，以纵横水泥路相贯，宿舍内部，空气新鲜，学者于课余之暇，更能散步其间，由宿舍至教室、膳堂、健身房，各部有宽大回廊相贯通，学生于天雨时，亦能行走，不致有湿衣裳之虞，上海学校中有此布置，尚属创见，此为该校建筑上之一大特色。

1935 年 4 月,《良友》画报 104 期刊载的岭南小学照片

　　室内运动,有健身房一座,内部陈设篮球等器械,莫不应有尽有,健身房旁为水塔,高 70 余尺,耸立云霄,顶置旗杆,高 20 余尺,校旗随风飘扬,更为该校增伟观。

　　其他如内部设置宽大之网球场、园艺场、足球场等,无不具备,堪称一大规模之学校。

　　1935 年 4 月,《良友》画报 104 期刊出"上海一小学（广州岭南大学上海分校之参观）"的专题报道,指出:"该校除课程比普通学校略高,教员皆为专任,学生皆一律寄宿校内,俾得收教学之效外,尤重学生品行之修养。"所刊图片则介绍学校建筑及校内情形之一斑:

　　学校建筑群有教学大楼、宿舍、体育馆,还有高高耸立的水塔,气象雄伟。校内清幽绝俗,宜于修身养性。

　　学校课堂离宿舍不远,中间隔有草坪,设计新颖,景色宜人。教室窗饰有博览画,教室大楼转角有壁画,为名画家黄潮宽所作,他的作品也曾进入

岭南小学俯瞰图

七

江湾五角场的

『大上海』建筑

《小学美术科的教材和教法》。

每晨皆有早会，由教员轮值演讲，训以修身学问之道。

学生的课外生活：集体参与植树活动，不仅为学校服务，还可锻炼身体，有益身心；下午放学后，学生结队入体育馆，馆内有宽大的球场，风雨无阻；宿舍长廊，课余闲步，极饶谐趣；图书馆内，课余学习的好去处。

该校第四初级中学第二届及小学第六届，于1935年7月13日下午2时在校礼堂举行毕业典礼。是日，天气虽然很热，但男女嘉宾不下1000人到校，典礼后，请嘉宾茶礼。直至下午4时，各嘉宾才坐火车回市区。

"大上海计划"，是上海现代化进程的一大步。以此为契机，上海的经济发展，国民教育、文化卫生事业等均有较快进步。但是这一现代化进程很快被日本发动的全面侵华战争打断，1944年美国拍摄的纪录片《中国战事》指出：日本侵华的目的之一就是阻止中国的现代化进程。

"大上海计划"的曾经十年，近代苦难历史中的光泽，值得铭记。

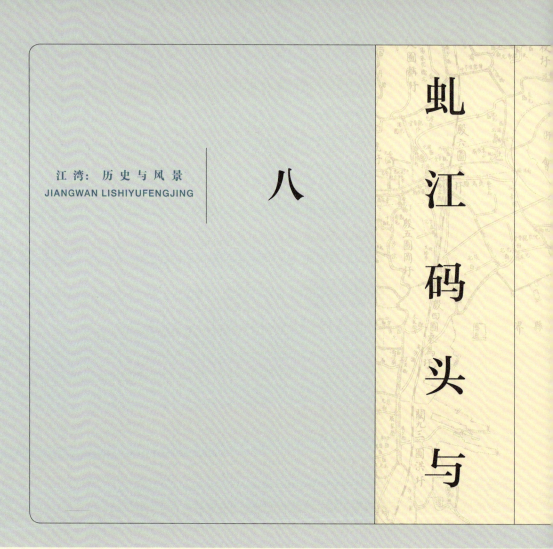

江湾：历史与风景
JIANGWAN LISHIYUFENGJING

八

虬江码头与

1937年虬江码头

上海繁荣

QIUJIANGMATOUYU
SHANGHAIFANRONG

民星路

虬江码头路

翔殷路

南翔殷路

路翔殷路隧道

虬江码头

近代上海，由蕞尔县城发展成数百万人口的国际大都市，为世界十大商埠之一，与黄浦江之疏浚及设立码头，不断提高水运能力有很大关系。但是，与欧洲大海港相比，20世纪20年代上海港的码头设备仍有很大的差距。如深水码头最低潮深达9米以上者，连浦东浦西并计，其总长度仅3100余米，而汉堡港，供海舶停靠之码头长度不下35000米。由此可见，以当时上海码头之长度而论，不能满足长期发展之需要。早在1922年，国际联盟曾派世界著名海港工程师6人，组织调查团来中国研究上海码头问题。此6位工程师

虬江码头建设委员会

主席宋子良　　　　　　委员陈行　　　　　　委员张公权

委员叶琢堂　　　　委员徐堪　　　　委员刘鸿生　　　　委员查德利

中，一为英国伦敦港口总工程师，一为美国全国海港管理委员会主席，一为苏伊士运河前任总工程师，一为荷兰东印度前任海港总工程师。根据调查团的研究，虬江码头为上海最理想的港口区域。

随着"大上海计划"的展开，水上运输的建设规划，即码头设备之扩充与改良，被提上日程，虬江码头为市中心区建设的大项目之一。该计划本应即刻实施，但因限于经费，拖延了数年。1933 年，国民政府考察欧美各国实业特使孔祥熙自海外考察归来，接任中央银行总裁，即建议政府，欲谋国际贸易发展，非有新码头建设不可，并考虑用中央银行的力量，扶助国营事业及促进"大上海计划"的中心区之繁荣，促进虬江码头的建设。1934年3月，中央银行与上海市政府合作，决议共同兴建虬江码头。9月4日，时任财政部部长孔祥熙授命宋子良、陈行、叶琢堂、查德利、刘鸿生等人组织虬江码头设计委员会。1935年5月，续聘张公权、徐堪为委员。同年8月，设计工作完毕，复将设计委员会改为建设委员会，委员照旧，宋子良为委员会主席。

有关建筑虬江码头的动机与理由：虬江码头沿黄浦江一带，经航运界及国联调查局等勘察，认定为理想之码头区域，适宜船埠码头之建筑。其河岸线长且直，江水深且阔，适宜船舶往返停泊，较黄浦江其他流域更为安全便利，其位置接近"大上海计划"中的商业及工业中心。船埠停泊于此，进出口经吴淞口外之神滩，无须等潮汐之涨落，即可自由航驶。而黄浦江流域之沿租界者，江面狭窄，水量低浅，各处大小船只麇集其中，拥挤殊甚，且邮船航行过狭，行驶其中，尤为不便。而虬江码头则可避免此种具有危险性及耗费时间性之航程，既便于货物运输，又可节省时间、费用。这是一项天然之优越而适宜码头的工程建设。同时，码头事业，对于影响市面之繁荣具有重要作用。虬江码头一旦建成，交通、运输、金融、保险以及工业，均可以赖以勃兴，而"大上海计划"中的市中心区之繁荣，则指日可待。

虬江码头坐落于黄浦江西岸，虬江以北滩地 800 余亩，周边土地 300 余亩，并填高至吴淞口水准零点以上 19 尺半后，有岸线 3000 余尺，阔 1000 余尺，均可作为码头堆栈等用。码头全部计划分三期，第一期先行建设码头两座，每座 590 尺，可停泊最大之邮船。例如昌兴轮船公司之"皇后"号等及大来轮船公司之"总统"号等均可停泊；两层钢筋水泥堆栈两幢，铁棚平栈两幢，需要时钢筋水泥堆栈可随时增加至四层，铁棚平栈可以拆除，即以其地建筑钢筋水泥堆栈；办公室、职员宿舍等。建筑工程计划花费 500 万元，地点在码头区域之南段，约占全区域的三分之一。全部计划完成，有直线码头岸线约 3000 尺，四层钢筋水泥堆栈 8 幢，铁棚平栈 3 幢；南端另建驳船港口。离堆栈后约千尺处，即系市区道路网干道之浦西路，南北通达。自市中心区至码头中段边缘，五权路横贯其间。埠头区域北部，又有公共码头一座，长约 350 尺。各堆栈前码头甲板上，均装有运输货物之机械设备，如起重机、轻便铁道等。码头区域内部，沿浦西路两旁，留有余地，以供建设与码头有关之旅行社、轮船公司、转运公司、汽车公司、旅馆等代办处之用。

上海比亚洲任何商埠为大，水路扼长江之咽喉，陆路则铁道横贯，可与国内各大干线联络。由上海溯长江而上，以达汉口，航道优美，可通行之船舶，冬季吃水为 3 米左右者，夏季为吃水 9 米左右者。自汉口以上，夏季可用特种船只航行 1300 公里，其他较大支河，大半均适于沙船及小轮之行驶。各支河附近通商口岸之进出货物，咸集中于上海。故上海对于内河交通，其地位亦称特殊优越。凡进口货物，皆须由上海分配于长江流域，如南京、浦口、芜湖、安庆、九江而达汉口，再由长江流域，分运内地，而内地及长江各埠之货物，亦须集中于上海运输出口。故上海为长江各省出口货物分配之总枢纽。对此，虹江码头计划于堆栈前后敷设铁道直通淞沪线，则与上海通车之各路如京浙、平津、粤汉均可联运。凡自外洋抵沪之货物，可于船到时，即刻装卸车分运内地，而内地出口货物，亦可由火车装至虹江码头，直送外洋。无论进出口货物，均无须落栈，不仅省时，还节费。此项铁道设于堆栈后部有3条，码头前部1条，由五权路口合并为一，沿市中心区北部黄浦江连淞沪线，长约9公里。其建筑费，据估算约75万元。建成后，可收水陆联运之效。码头附近空地，面积有数千亩，在"大上海计划"中，拟开辟为机场。同时与江面规划一处为水上飞机停泊处，日后如成为事实，则码头货物之运输，不仅水陆联运，更可收水陆空三者联运之效，为虬江码头唯一之特点，不仅远东各码头所不及，而且可成为世界优良码头之一。

关于轮船的给水设备，码头与堆栈的消防工作，以及治安清洁问题，当时上海各码头设备均欠完善，尤以对于旅客及接送人等之便利，更未注意，虬江码头则完善设备，将旅客往返与货物运输路径，分别隔开，两不相扰。有接待室，以供旅客及接送人休息，其中设商店，兼售饮食及国内著名产品，以便旅客购买。外如瞭望台、海关行李与护照查验处、停车场、警局、问讯室等，无不应有尽有。

1936年6月20日下午3时，虬江码头举行盛大的奠基仪式，中外来宾 1500 余人出席。会场设虬江码头的办公室内，在定海岛上扎有门牌一座，上悬"欢迎参加虬江码头奠基典礼"的白布横额，备有"镜清""镜辉""飞波""利飞"等四艘汽轮，迎接来宾，由定海岛至虬江码头，渡轮仅 7 分钟即可抵达。码头上也用松柏扎成高大牌楼一座，上悬"欢迎参加虬江码头奠基典礼"的横额。奠基石设于码头办公室大门，四周缀以鲜花。大门入口设签名处，来宾签名后，各赠送纪念册及中央储蓄会特制团扇一柄。

　　经一年的建设，第一期工程于 1937 年夏竣工，6 月 12 日正式开业。第一期工程主要是在虬江口黄浦以北，建设长 1500 余尺直线的大码头，因中段暂设驳船港池长 220 尺，故岸线向内凹进，遂将码头形成两座，每座长 590 尺，中间辟有小港，以便停泊驳船。两码头之中，设办公室 1 幢，为两层钢筋水泥建筑，上层为码头管理处，下层为海关查验所及旅客接待室。办公室南北两旁，各有两层钢筋水泥堆栈 1 幢。此外南北两端，为两幢铁棚平栈，向西后部，为平面堆货场，四周围以道路。住宅宿舍，设于全部区域之西南角，有住宅多幢，计有码头经理住宅 1 幢，海关检验员住宅各两幢，职员宿舍 1 幢，可

建设中的虬江码头

容 40 人，还有两开间两层房屋 6 幢、一开间两层房屋 12 幢。码头下部填打木桩，上部为钢筋水泥平台。码头平台宽 50 尺，置有一切停泊设备。距离码头 50 尺有停泊桩，并有横木，以供驳船之停泊。码头平台上有旋转起重机等，下面另造低层平台，以便潮水低落时，小船及驳船仍得照常工作。

堆栈分两类：钢筋水泥堆栈为固定建筑，下部打以 100 尺及 90 尺长之木桩，上部用钢筋水泥制造，为四层建筑。铁棚平栈为临时性建筑，为货物短期寄存之所，每幢长 220 尺，宽 80 尺，有栈桥 3 架，连接码头平台。全部堆栈容量，约 15000 吨。堆栈外的码头平台，置有轨起重机，可将货物从船舱中直接吊至钢筋水泥堆栈中的任何一层，无须人工搬运。码头所需数千根桩木，均为 100 尺或 120 尺长，由承建商创新营造厂向美国订购，原定 1936 年 3 月到齐，但因美国工人罢工，延期到货，影响了进度。

码头工人采用雇用制，并加以培训。客商的货物装卸、卡车及驳船等费用，由码头方面补贴，同时备汽车两辆，每天运送五六次，免费接送客户看货。客人交通及行李事务，委托中国旅行社全权办理，每件取费 3 角，送费 4

角，约定在 1 小时内可送达。并约定银色汽车接送旅客，每次收费 1 元。

自码头通往市内的交通路线有三条：自五权路折入军工路以达杨树浦；自五权路经市中心区转入其美路（今四平路），以达狄思威路（今溧阳路）；自五权路经市中心区转入江湾路，以达北四川路。三条线路均为 20 分钟发车一班。华商公共汽车亦将六路车改由市府绕驶，直达虹江码头。

虹江码头具有下述六大特色：（1）当时中国国营的最大码头。中央银行投资，其目的纯在促进商埠及贸易之繁荣。（2）上海港面阔、水量深之大码头，岸线平直，任何巨轮进出，不须等待潮水。（3）地位优良之码头，位于虹江口，面临黄浦江，西连市中心区，接近上海计划中的工商业区，为建造邮船及其他商轮码头之理想地位。（4）当时中国设备最完备之码头，可停泊世界来沪最大巨轮。起重机可将货物运至堆栈任何一层，堆栈货物亦可吊至船上货舱，无须人工搬运。堆栈前后均有铁道，为上海码头之首创。（5）位于市中心区前，不仅与市内交通最为密迩，运输途径多，交通便利。（6）为最能适应将来发展之码头。共有面积 1100 余亩，动用面积不过三分之一，余地甚多。将

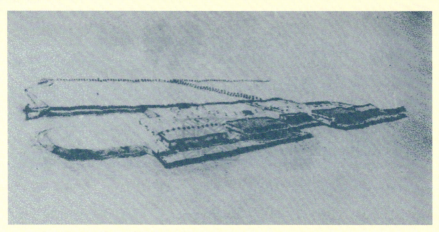
虬江码头巡视图

来可停泊 500 米以上巨轮 6 艘。

虬江码头在中国国际贸易上亦具有重要的地位：20 世纪 30 年代全国进出口贸易 50% 以上均集中于上海，国内土货转口贸易 40% 左右亦为上海独占。由此可见上海为中国内外贸易的最大港口。贸易繁盛，带动码头事业的发达。据上海港口大全（1934）统计，黄浦江浦东、浦西两岸滩地共计 253475 英尺，其中用作普通码头者 38770 英尺，作特别码头者 27440 英尺，作船厂者 13025 英尺，作道路及公共或海关埠头者 19255 英尺，作工业用滩岸者 27480 英尺，作河浜者 5535 英尺，其余 121970 英尺，则为未开发之滩地。主要码头及船厂 100 处以上。虽然上海码头较中国其他各埠发达，但就性质、设备等方面而言，乃有许多不足，更难言将来之发展。就码头性质而言，国人自营的少，几乎被外人垄断。据调查，码头，包括船厂在内共约 92 处，其中属于中国政府的 15 处，属于中国商人的 19 处，共计 34 处，约占上海码头三分之一强，其余三分之二，则为英日美法各国所有。且中国所有的码头，除招商局及三北公司经营的外，其余则多为设备简陋的小码头，或仅供装卸煤炭之用，规模远不若外人经营之完备。在全部 92 处码头中，公营少，私营多，中国政府经营 15 处，公共租界经营 2 处，仅占 18%，其余均为私营。私营码头过多，不仅起卸费用及手续费难收划一之功，且费用也高，影响商品运输成本。因而，财政部部长孔祥熙在虬江码头纪念册的导语中，特别指出："吾国自通商以还，梯航毕集，各轮船公司于浦江两岸设码头以为船舶停泊之所，盖数十年于兹。而以江狭水浅，起卸货物甚感不便。虬江码头筑成，则货物运输存贮至便；则因以发展吾海外商业不难矣。其与吾国国际贸易前途，所关甚巨。""夫交通建设事业，为近年来政府最注重之设施，以其与他种事业有密切关系，近年政府设立中央信托局，实业部创办各工厂市场，然此数者，均非系于交通不可；码头之设立，实为一般工商业所托命；码头之成立，所辅助国营事业者尤大。"

最初停泊虬江码头的是国营招商局之"公平"轮，其后为英商兴昌轮船公司的"日本皇后"号。"日本皇后"号为行驶远东航线的巨轮，过去来上海的时候，因没有适合的码头停靠，只好泊在吴淞口外。1937 年 6 月 13 日下午

上为虬江码头之建筑，下为办公室与海关检查处

2时半，"日本皇后"号停靠虬江码头。该轮管理员及水手百余人，半小时即办妥入关手续。乘客580人，其中231人系由各地来沪者，余系过客，均随迎客之亲友雇车入市内游览。当天，码头广场上有迎客汽车百多辆之多。场内交通由职员20人及警察数十人维持，秩序井然，可称满意。该轮所需淡水，由闸北水电厂供给，每吨4角。同年6月20日，第三位停靠的是意大利货轮，亦是大货轮的第一次试用。该轮载货2500吨，卸货后，由载重汽车和驳船送至公共租界。

但是，虬江码头启用不久，第二期工程还未进行，日本全面侵华的"八一三"炮火燃起，虬江码头成为抗战喋血的场所。国人期待中的远东最好码头，轰炸毁损，满目疮痍，悲哉！

八　　　虬江码头与　　　上海繁荣

虬江码头旧址（方忠麟　摄）

江湾：历史与风景
JIANGWAN LISHIYUFENGJING

九

「一·二八」

七十八师在江湾制作的抗日标语

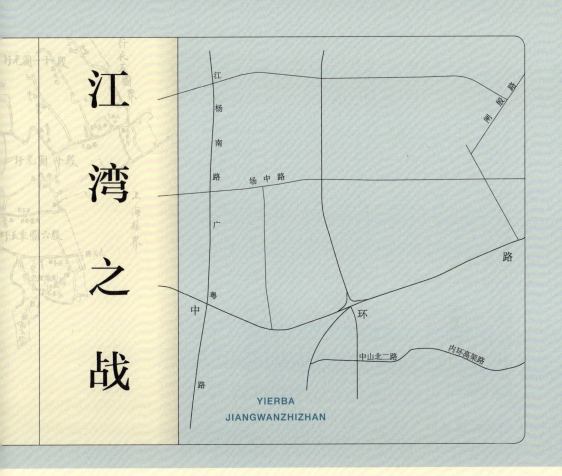

江湾之战

江杨南路

场中路

广粤中路

闸殷路

路

环

中山北二路

内环高架路

YIERBA

JIANGWANZHIZHAN

　　1932 年 1 月 28 日深夜，日本海军陆战队分三路向闸北进攻，第一队由北四川路向天通庵车站袭击，第二队由虬江路向宝山路攻击，第三队由北四川路向宝兴路突进，并配备野炮、曲射炮、装甲车队等，由此，一·二八淞沪抗战爆发。

　　自 1 月 28 日战事发生，至 3 月 2 日中国军队放弃阵地，先后凡三十余日。日方挑起战事，是为了压制抗日运动、保卫其经济利益和扩大军事侵略。驻防上海的是坚持抗战的十九路军，共 3 个师，约 4 万人，其闸北驻地部队与日本海军陆战队仅一路之隔。早在 1 月 23 日，十九路军总指挥部就向全军发出密令，指出："我军以守卫国土，克尽军人天职为目的，应严密戒备，如日本军队确实向我驻地部队攻击时，应以全力扑灭之。"

　　淞沪抗战爆发后，战事的第一阶段为 1 月 28 日至 2 月 7 日，战场以闸北为

江湾：历史与风景
JIANGWAN LISHIYUFENGJING

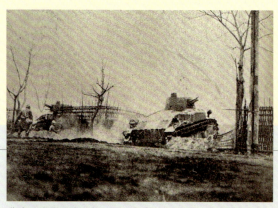

进攻江湾的日军坦克

主。当天，十九路军坚决还击日军的进攻，并以市街为阵地，顽强抵抗，打碎了日军四小时占领闸北的梦想。次日，日本飞机连续轰炸闸北，商务印书馆、东方图书馆等全部被炸毁，但阵地不失。十九路军利用街巷、河浜等地形，建造许多纵横交织的战壕，甚至在居民的方桌上掩土，作为地下防空壕，使日军飞机难以发觉，日军的重武器也发挥不了作用。2月3日至6日，日军对闸北各地的进攻，都被十九路军击退。

日军出乎意料地在闸北遭到顽强抵抗，乃改变战略，将战线从闸北移至吴淞，淞沪铁路恰为两路之联络线，以江湾左策闸北，右应吴淞。具体计划是以海空军攻击吴淞炮台，将吴淞变为日军据地，同时夺占江湾要冲，切断吴淞与江湾的联系，然后全力进攻闸北，因此，江湾成为日军攻击的战略重点。为达到这个目标，仅靠日本海军陆战队兵力不够，日本决定派遣陆军第九师团来沪，还调动十二师团的一个旅团（上海特遣混成旅团）及其他重炮、坦克部

江湾之战

「一·二八」

九

1932年战争爆发时的日本海军陆战队兵营

江湾：历史与风景
JIANGWAN LISHIYUFENGJING

十九路军指挥官在前线

队与海军配合作战。同时，派海军第三舰队司令野村吉三郎中将接替日本海军陆战队司令盐泽幸一的职务，来上海指挥海军。2月7日下午，日本陆军十二师团之混成旅团首先在吴淞张华浜登陆。2月10日，作为日军主力的第九师团从宇品港出发，第一梯队分乘"岩手丸""三笠丸"等10艘军舰，第二梯队分乘"昭久丸""白海丸"等7艘军舰，14日开始在张华浜登陆，15日大部在虹口汇山码头登陆，最终集结于杨树浦地区，在公大纱厂设司令部。日军总数约3万人，兵舰数十艘，野战炮六七十门，飞机60余架。

针对日军的进攻意图，十九路军决定死守江湾，以为全军之据点。六十师占领北站、闸北、八字桥、江湾南端之线，主力控制于中央，迎击江湾当面之敌，伺机向引翔港方面出击。六十一师设于庙行镇，在蕴藻浜河边至吴淞之线，构筑强固工事，严密守备。六十一师的具体部署如下：（一）一二一旅以两团位置于江湾、庙行一带，担任右由江湾镇起，左亘庙行蔡家宅的蕴藻浜一带的守备，并右与六十师，左与一二二旅，互为依托。（二）一二二旅以一

140

团在蕴藻浜北岸胡家宅，沿河至吴淞附近，构筑坚固工事，担任该地区守备，并须左与七十八师固守吴淞之一五六师，右与本师一二一旅，互为依托。

　　淞沪战事的第二阶段，以日本陆军正式参战为标志，时间为2月7日至2月20日。在此阶段中，日军发动以江湾为目标的第一次总攻击。9日上午11时许，日本海军陆战队约千人，以三辆坦克车为掩护，向屈家桥进攻。同时，位于虹口公园的日军炮兵，向我阵地轰击，当时我阵地未固，颇有损失，即派营长古辉率一个步兵连和机枪连增援。日军见正面进攻不易，乃向右翼迂回，企图包袭，但经中国军队

十九路军炮兵

还击，不得不向虹口公园方向溃退。中国军队追击至刘家桥，因敌有坚固之油漆厂为支撑点，时间亦已近黄昏，乃于6时撤回江湾。是役，击毙敌海军陆战队30余名、便衣队20余名，中国军队伤连队干部3员、士兵48名，阵亡士兵18名，失踪4名。

13日拂晓，蕰藻浜方面枪声大作。上午8时左右，敌军数十人向第一团第二营阵地前进，遭扫射后，敌被创，有向小场庙方向希图侧袭之势。同时，跑马场及高境庙方面，均有敌数十人出现。该营第二连连长率一排向高境庙方向游击，迨到周家宅，即与敌百余人遭遇，激战半小时，即向营部求援，但援兵未到时，连长牺牲，全排战士英勇作战，也全部牺牲。敌军亦伤亡不少。同日上午8时，另一支日军以烟幕为掩护，在曹家桥、纪家桥强行渡河，过河者有数百人之多，在三瞿宅一带与中国军队激战，并肉搏数次，战至傍晚，敌不支，遂退。晚10时，日军从翔殷路及体育会路方向向江湾跑马场夹攻，并占领该处。

14日晨7时，中国军队进行反攻，经4小时激战，收复跑马场，并占领日军西南司令部，将敌军司令部人员全数歼灭，获山炮 8 尊，并搜获日军重要文件数包，其中有日军军事地图、阵地设置及计划书等，此为事变半月来最佳之战斗。当晚 7 时许，日军集合残部进行反攻，经两小时战斗，未得结果而退。

　　15 日晨，日军又集合千余人实行进攻，先是开炮轰击，又出动飞机助攻。经两小时激战，中国军队坚守，敌始终未有进展。战至 10 时许，声渐沉寂。下午时有进攻，晚上又以重炮频频轰击，并驱步兵进攻，但仍被中国军队击退。

　　17 日，日军四五十人，在大炮掩护下，又作冲锋战，一时枪声大起，炮声不绝，双方相持约半小时，敌不支而退，此为日军在大战之前的试探之行为。18 日晨，日军百余人，联合便衣队，混入西体育会路，向中国军队阵线冲击，并用机关枪等射击。中国军队奋起抵抗，并将其包围，经半小时激战，敌终退却，但大部分被歼。自此以后，虽有连日小战，直至 20 日凌晨迎来大规模的激战。

　　日本在陆军第九师团全部登陆后，军力大增，向我方进行威胁。18 日晚 8

时，第九军团植田师团长、日本驻沪总领事村井苍松分别向十九路军蔡廷锴将军、上海市市长吴铁城发出最后通牒：中国军队于 20 日午后 5 时 30 分以前，自现在防御线向公共租界东西两方各 20 公里以外撤退，并永久废除一切炮台及其他军事设备，但是遭到我方拒绝。十九路军接到日军通牒后，召集高级干部会议，下令前线部队集结炮火向日军阵地轰击，作为对日方的回复。

淞沪战事的第三阶段，从 2 月 20 日日军第二次总攻至 3 月 1 日第三次总攻开始前为止，战局的重心依然是江湾地区。

受命担任江湾防线的是第十九路军六十一师，后来得到张治中率领的第五军八十八师等支持。八十八师主要承担江湾北端经庙行、周巷至蕰藻浜南岸之战线。

接到命令后，十九路军六十一师一二一旅作好死守江湾的布置，守卫主力是第二团，第一团在墙前宅附近，为江湾预备队，第三团布置在大场，为旅预备队。炮兵第三连在江湾构筑阵地，归第二团指挥。阻击炮连的大部分亦在江湾镇位置，归第二团指挥。各部队均在 17 日夜调防就绪，做好一切战斗准

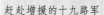

赶赴增援的十九路军

备。另令小炮第十连归师部直接指挥，并令工兵第三中队协调第二团强固江湾工事，及装置地雷，务必于 17 日前完成。

作为守卫主力的第二团接受命令后，当即进行布置：第一营守备江湾镇南部，右翼自江湾起，左翼至江湾东河流之铁桥止，跑马场为前进阵地。第二营守备江湾镇东部，右至铁桥，左至新民中学西北之民房，新民中学东北约 300 米处，配置一排哨，为前进阵地。第三营守备江湾镇北部，右自新民中学西北端起，左至江湾西市之东端止，江湾镇东北约 300 米处，配置一排哨，为前进阵地。计使用于第一线兵力六连余，集结于江湾大街，为预备队。

日军在第二次总攻击前，已在引翔港开辟临时机场，并以江湾跑马场为炮兵阵地。参与江湾攻击的日军兵力主要有右翼队（步兵约六大队，山炮一大队）、中央队（步兵约四大队，山炮一大队），共 1 万余人，同时，配备大炮 113 门，坦克车 40 余辆，飞机 30 余架。其分三路向江湾进攻，正面进攻江

江湾跑马场旁，炮火燃烧

江 湾 之 战

「一 · 二 八」

九

江湾跑马场遗址（方忠麟　摄）

湾东北方，右翼在庙行及孟家庄一带，左翼在江湾车站东面。

20日上午7时20分，敌军司令植田谦吉下达总攻击令。7时半，以海陆空全副力量向吴淞、江湾、闸北全线大举进攻。日军采取的是"中间突破"策略，对江湾是主攻，对吴淞是轰炸和炮击，对闸北实行助攻。攻击之初，日本海军飞机结队向江湾镇轰炸达30分钟，骑兵队、战车队搜索前进，对江湾镇作包围势，其步兵又经野炮、山炮、曲射炮等布成火网，掩护前进。

但中国军队早已有充分准备，奋勇抵抗，毫不退让。敌先飞机6架进行侦察，抛掷炸弹，并先以前线哨兵接触。最初，敌兵向江湾第一营阵地攻击，警戒部队一面抵抗一面撤退。8时许，敌军抵跑马场西端之线，第二营警戒部队亦次第撤回。接着，一、二营在主阵地同时展开抵抗。此时，敌机向一、二营阵地投重量炸弹，敌野炮多门亦向我阵地猛烈炮击，掩护敌军坦克前进。计跑马场北端有7辆，南端有4辆。敌坦克车在前进时，用机关枪和小炮向我阵地射击。我阻击炮连进行还击。9时20分，击毁跑马场方面的3辆敌军坦克车，其余4辆逃去。南段的4辆坦克车进入一营阵地前，被地雷轰退。至10时，敌步兵借大炮飞机之掩护，前进至铁路百米处，双方战斗激烈，我方伤亡亦多，但敌军每次数十人的冲锋，均被我士兵用机枪、步枪、手榴弹击杀，生还无几。上午11时至下午1时，战斗焦点移于江湾镇东铁路附近一带，由于敌军炮火猛烈轰击，二营阵地

一·二八事变中被炸毁的国立劳动大学（虹口区地方志办公室

148

为弹巢之地，所有防御铁丝网被击破，工事亦被炸平，阻击炮均被炸毁，二营四连军官伤亡将尽，士兵亦伤亡过半，第六连赶去增援。至下午2时，第六连军官均伤亡，士兵损伤不少，乃拼死与敌肉搏。3时，第一营第一连接替阵地，将四连撤回休整。尔后，敌军仍继续向二营阵地攻击，但均被击退。敌见攻击不易，遂将方向转移至严家桥以北地区。在八十八师的阵地，战斗也异常激烈，我方击落敌机一架，并与敌军进行肉搏战。

这天正面进攻江湾之敌，先后

出动约5000人，系第九师团的兵力，为日本陆军精锐部队。关于那一天的战斗，第九师团也不得不承认其失利："当时敌军利用江湾镇停车场及附近铁路的壕沟为掩护进行顽强抵抗，并破坏我坦克车前进的道路，令进退困难，在敌军五米前的阵地，遭到猛烈的火力攻击，未能攻占江湾，不得不退回跑马场。"

21日拂晓起，日军向江湾镇持续进攻，中国军队亦全力应战。在江湾路持志大学内有日军700名，中国军队先是大炮轰击，继以大队冲锋，交战激烈，后来另一部队抄后包围，将其完全歼灭。约500日军由江湾车站之西进攻孟家宅，中国军队跃出战壕，肉搏应战，并截其退路，将其歼灭。当天参战的日军第九师团坦克兵惊叹："进攻江湾停车场，到处是对战车造成危险的壕沟和地雷，敌军利用劳动大学的围墙为防御阵地，前面的小河沟与铁道线路也不能攻破，约四个小时只能停滞在敌阵地前三四十米的地方，除了炮火没有其他的进攻办法。每辆坦克车上都留下几千个机枪的弹痕。"

22日上午6时，敌军复以多门重炮向江湾镇猛烈轰击。同时出动飞机十余架向我方阵地投掷重量炸弹及燃烧弹，江湾镇东街商铺及阵地附近房屋，先后着火，浓烟四布，火焰蔓延，极为惨烈。敌军的燃烧弹，"状如普通公事皮包，内藏压缩瓦斯及燃料，专作黑夜火攻之用。射放后火焰能及十五米之距离，使我军受极大伤害"。至上午 7 时 30 分，敌军坦克车八九辆，分路由跑马场方向朝一、二营阵地左右冲突，掩护步兵进攻，来势凶猛。我阻击炮连因炮被炸毁，无法使用，只待敌兵接近时，始以手榴弹等火力还击，战斗甚为激烈。我方阵地虽被炸毁，但兵力均分散在安全地带，敌军轰炸时，损失甚微。战斗至上午 10 时方止。下午 3 时，敌军利用飞机等掩护，派出数百兵力向二团第三营阵地进行突击，4 时，该营派出第九连出击，敌被迫退回。

日军在正面进攻江湾的同时，对八十八师阵地也以重炮猛击。当天上午 8时，八十八师在大小麦家宅的阵地被敌军冲破，部分向大场方向撤退，敌军炮火则集中于江湾后左方。一旦左翼有失，江湾危矣。一二一旅当即将第二团部队转移至汤家宅等地，对东北警戒。同时，第三团集结待命。下午，六十一师两个团由水车头、竹园墩出击，向大小麦家宅之敌实行攻击，突击敌军右翼。八十七师主力火速增援庙行，进攻敌军之左侧。八十八师在庙行及以南地区进

中国军队包抄日军的战果

行反击。敌军在三面夹击之下，死伤惨重，被迫停止进攻，残留在大小麦家宅一带的敌军被全歼。中外报纸一致公认，这一天的庙行之战为"沪战中我军战绩的最高峰"。

同时，严家桥方面的八十八师告急，为江湾左侧的安全，一二一旅派出步兵三个连、机关枪一个连进行增援，在金家圈构筑工事，策应严家桥。是日，敌军炮击及飞机轰炸终日不断，但江湾依然在中国军队守护中。

23日上午10时，敌军向江湾连续轰炸，炸毁洋房七八间，守卫江湾纪家花园的第一营，连级干部三人受伤，炸死及压伤士兵38人。下午6时起，敌军五六百人，由顾家宅向八十八师严家桥阵地进攻，同时向南延伸，企图进攻我江湾东葛家桥阵地，一二一旅派出兵力增援。

24日凌晨2时，一二一旅两个营由东葛家桥出击，向顾家宅之地攻击。凌晨3时，两个营从两面夹击，突入敌军阵地，当场俘虏敌大队长一名，击毙大、中尉军官各一名，士兵百名，其余敌兵溃退。

25日，日军在连续受阻后，重点进攻江湾北端至庙行一线。晚9时，

日方供认，第九师团在 1932 年 2 月 20—22 日的攻击战中，战死 212 人，伤 611 人，失踪 4 人。图为日军在江湾镇攻击战中运送伤员

一五五旅第二团向郭家宅一带出击，一二一旅亦派第一团第一营协同出击。由于敌在沈家宅向我方射击甚烈，第一营乃派第三连一排进入广肇山庄东边阵地，向沈家宅以猛烈火力压制，其余则集结于严家桥，先行攻取前郭家宅，又以第一连一排散开于前郭家宅西北方，掩护我攻击部队。布置完毕后，第二连先以一排向郭家宅前进，两个排随后，接近敌阵地时，以机关枪掩护，急起冲锋，越过小沟时，敌人发现后用机关枪、小钢炮猛射，首先冲入的十余名战士均牺牲，其余受伤倒入沟里，该连增援队伍，亦

有伤亡。后郭家宅敌军，亦协同前郭家宅之敌，以火力压制。中国军队陆续加入一排及机关枪一挺，终无进展。至半夜时分，中国军队改变攻击方向，从东南方向前郭家宅之南的交通沟进攻，中国军队越过水沟过篱跃入，继而破铁丝网，而敌军在铁丝网上通电，触电死者颇多，中国军队用手榴弹炸毁铁丝网，敌遂用机关枪扫射，中国军队进攻受阻，形成对峙状态。凌晨2时，中国军队不得已撤退。江湾激战时，敌每日夜必有数次炮火向我阵地轰击，"我军无制空权，阵地的工事掩盖，亦无钢板及其他坚固的防御材料，每日因此而伤亡者必有二三十人"。

五天激战，敌军每天用大炮轰炸江湾，全镇变成一片瓦砾场，而镇上尚未逃出之无辜居民，多被炸死。26日晨，中国军队因兵力不足，预备队已经用尽，被迫放弃江湾阵地，将阵地移至附近防守。上午9时，敌军千余人进占江湾镇，因不明虚实，旋及退出，至27日下午2时20分，才占领江湾镇西端。江湾战役，显示了十九路军的抗日意志和顽强的战斗力，日方不得不承认：十九路军的敌忾心旺盛，战斗力也比较优秀，虽然伤亡很多但没有气馁，

154

十九路军军长蔡廷锴巡视江湾前线

只是原警卫军的八十八师缺乏实战经验。

由于受到中国军队顽强的抵抗，日军在主攻江湾受挫，不得不向东京提出增兵请求。24日，日本政府批准增兵计划，决定组成上海派遣军司令部，以白川义则大将为司令，调派第十一师团、十四师团赴上海。日本军力达到六七万人，飞机200多架，而中国军队防守阵线绵延百余里，战斗一月有余，人员武器丧耗极多，且补给无望，处境极为困难。

27日，白川大将率十一师团主力部队从日本起航，29日抵达吴淞口，从浏河登陆。3月1日拂晓，日军以20余艘兵舰、步兵万人，发动总攻击，战车与步兵协同进攻，这才摇撼了江湾与庙行的防线，中国军队不得不向嘉定一线退却。

3月2日，十九路军向全国各界发出退守待援的电文："我军抵抗暴日，苦

江湾：历史与风景
JIANGWAN LISHIYUFENGJING

1932年2月28日，日军占领复旦大学，
该建筑为抗日学生义勇军总部

战月余，以敌军械之犀利，运输之敏捷，赖我民众援助，士兵忠勇，肉搏奋战，伤亡枕藉，犹能屡挫敌锋。日寇猝增两师，而我以后援不继，自二月十一日起，我军日有重大伤亡，以致力于正面战线，而日寇以数师之众，自浏河方面登陆，我无兵增援，侧面后方，均受危险，不得已于三月一日夜将全军撤退至第二防线，从事抵御。本军决本弹尽卒尽之旨，不与暴日共戴一天。"

3月3日，国际联盟要求中日双方停战。5月5日，中日签订停战协议。

战后的江湾，张若谷在《吊今战场》的文章里写道："在五天以前，从江湾到吴淞的一带，随处还可以看见背负茅山道士式笠帽的十九路军英俊姿形。如今，河山依旧，而旗帜已改。在太阳底下，只见一双双青黄色的钢盔，闪耀着骄傲的光彩。钢盔底下，都是丑恶的猩猩脸的日本皇军，向我们睨视作狞笑。"

"江湾镇周围的村落，都变成一堆堆的废墟烬土，万国体育馆的跑马场，表面上看去，所受损害似不很大，看台和出售彩券等处的建筑，都幸存无恙，没有受到炮火的洗礼。马厩和马夫房则已毁坏无迹。当战事开始的时候，马群都已惊往四处窜逃。在马厩内，尚存有马尸数具，那都是留恋旧栈的忠义老马。"

"复旦大学，以距离火线较远，所以没有遭殃。在江湾车站正面的国立劳动大学，已为炮火荡成一片焦土，大门前的总理铜像，毁坏不复成形，内部只见断壁残垣，不复能辨认原来建筑的部分和地位了。"

书写在江湾镇寺院墙壁上的抗日标语

"江湾车站，荡陷成平地。只看见满地是炮弹、炸弹爆发后的洞穴。沿着铁路的一带，都是十九路军筑的坚固的防御工事，我们忠勇的蓝衣兄弟们，便在这里苦守血战五天，前面有棘刺的铁丝网，后面有森严的战壕，现在都给日军毁坏了。铁道被掘毁的约有数百米。"

十

淞沪抗战中的

炮火中的江湾跑马场

江湾战场

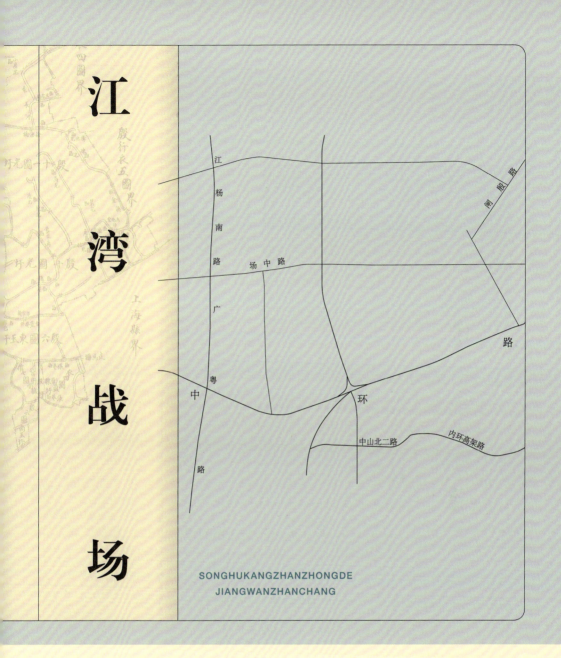

　　1932 年一·二八事变，江湾屡经激战，全成焦土。此后的上海市中心区计划，使江湾面目一新，可以说是大上海的精粹。1937 年卢沟桥事件发生的时候，上海市政府正在举行十周年纪念会，挂灯结彩，没有想到"八一三"炮声一响，江湾又成为中日鏖战的战场。

江湾：历史与风景
JIANGWAN LISHIYUFENGJING

日军在江湾民房上设立炮兵观察哨

虹桥机场事件是 1937 年八一三淞沪抗战的导火线。8 月 9 日下午 5 时半，日本海军陆战队第一中队长大山勇夫中尉与一等水兵斋藤要藏驾车闯入虹桥机场，机场守兵上前阻止，被日军打死，机场守兵被迫还击，将两人击毙。最初中日双方均同意用外交方式解决。10 日，上海市政府秘书长周雍能、秘书张廷荣，淞沪警备司令部副官长赵慰先、警察局督察长汪大燧与日方海军陆战队参谋山内、军医有马、海军武官冲野、副领事福井、副警官佐藤、宪兵少佐东川，及工部局副警监上原、副探长中村，于凌晨 1 时半集合，分乘车辆于 2 时到达虹桥出事地点，由日军医开始检查工作，两人的尸体均位于附近的田野里。检验完毕后，草具文件一种，日方即将尸体移至位于天通庵的日本海军医院。至晨 8 时，中日双方人员再集合在日本领事馆前，对于日兵汽车行驶路线、死伤处所及子弹等均经详细调查。我司法行政部法医检验所所长孙逵方并亲至日本海军医院检验一遍，日方旋即于晚 7 时，将大山与斋藤的尸体移至日本人火葬场火葬。

8月11日，中方进行谈判交涉，日方要求撤退中国驻沪保安队、撤毁市区防御工事，遭到我方断然拒绝。同一天，日军16艘兵舰抵达上海，海军陆战队2000人登陆，大量作战物资和武器装备运到上海。国民政府也命令在苏州、常熟、无锡的第八十八师、八十七师等部队进驻闸北及江湾两地布防，大战一触即发。

8月13日上午9半，战争首先在八字桥一带爆发。日军集结约万人，其阵线是江湾路的海军陆战队司令部、虹镇日本海军操练场与杨树浦日军司令部为重心，连成一线，与黄浦江的军舰成掎角之势。为此，第九集团军总司令张治中派三个师增援，分三路迎战：右翼从八字桥、江湾路进攻敌司令部，中路由江湾进攻敌海军操练场，左翼则进攻杨树浦的公大纱厂。

战事以8月13日至23日为第一阶段，中国军队主力一方面固守真如、潭子湾、闸北、江湾、吴淞一线，一部担当南市、龙华等线的警戒，攻击重点则在杨树浦港以西至虹口日本海军陆战队司令部，经过三天战斗，缩小了包围

连接水电路与柳营路的八字桥（方忠麟　摄）

圈，右翼争夺粤东中学、爱国女学、日本人墓地及上海法学院等，中翼争夺日本海军操场及海军俱乐部。8月21日，除右翼进攻受阻外，左翼攻入虹口日军阵地，一度逼近汇山码头。敌军被切除两段，陷于中国军队包围中。

　　22日晚，日本援军第三师团、十一师团及第八师团之第四旅团、第一师团之一旅团抵沪，海军方面亦集中70余艘军舰，炮位700余门，投入飞机300余架。日军用海陆空联合作战的手段，在登陆浏河后，将主力移至黄浦江下游，在吴淞、宝山一带打出一条血路。24日，日本陆军以飞机大炮同步协力，并以主力部队在石洞口及川沙口登陆，袭击罗店，与中国军队展开拉锯战。

　　中国军队一面围攻虹口、杨浦之敌，一面与从川沙登陆之敌作战，全线展开最激烈的战斗。在罗店至月浦的战线，双方多次争夺，进入短兵相接的恶战场，消耗了中国军队大量的精锐部队。至 9 月 10 日，虽然牺牲巨大，但中国军队依然守卫在罗店、江湾、闸北一线。

9 月 10 日起，因日军实力大增，中国军队被迫转入防御战，改取守势。其目的是逐渐脱离敌舰炮火之威胁，而引入与陆军阵地战。对此，外国军事专家有如此评论：中国军队在若干处早已安然撤退，日方犹以大炮轰炸，迨发觉中国军队已离去轰炸之目的地，始以谨慎之态度缓缓前进，以防地雷爆炸。即此一点，可见中国军队进退有序，已足令人刮目相看。在过去一个月中，中国军队在各线作战，状如齿轮，呼应极为困难，惟中国军队在此种不利之地形中，犹能奋勇与巨量日本海军炮火猛斗，予日军之极重大之创伤。此种精神实堪敬服。

新的防线，即从浏河起，经罗店、江湾、八字桥，全长六七十公里，差不多是一条直线。这个新防线，从浏河到罗店、刘行之段为左翼；从刘行到江湾之段，为中路；从江湾至北站，为右翼。左翼方面河汉纵横，敌机械化部队进展不易。右翼方面中国军队有重重堡垒，亦是非常坚固。只有中路的江湾成弓形，直面来自市中心的敌军。此时已到沪之敌军，计有第一、第三、第十一师团，及第六、第八、第十六师团各一部，共约 10 万人。敌军拼命进攻江湾，企图达到中央突破的目的，江湾之战必然是惨烈之战。

陆军七十八军三十六师（师长宋希濂）奉命于 9 月 11 日进入江湾，其二一一团主力进入光裕山庄、新华一村、狄家浜、邱家宅等线，一部分占领体育会路以南地区。二一五团以主力进入复旦大学、赵港巷、叶家花园等线，一部控制万国体育场南段。一〇六旅担任万昌桥、殷家宅、立达路、体育会路、马夫路等线守备。一〇八旅担任东岳庙、李家巷、忠烈墓、牛郎庙等线守备，并增强忠烈墓以东地区的工事。炮兵营向岭南路西侧变换阵地。工兵营破坏阵地前公路的桥梁。

部队部署完毕后，三十六师于 9 月 13 日正式发布命令，指出："本地区队以固守江湾，逐次消耗敌兵力之目的，以一部于两江女校、复旦大学、赵港巷、叶家花园、八字桥、天禄寺之线占领警戒阵地，主力于水电路、西江湾车站东端、李家巷、忠烈墓、岭南山庄之线占领阵地，保持重点，与右翼相机协同友军，转取攻势，压迫敌人于蕴藻浜南岸而歼灭之。"一〇六旅为右第一线主力，一〇八旅为左第一线主力。

同日，敌战车十余辆数度分由翔殷路、三民路向我阵地袭击，意在侦察。我方当即炮击，击毁两辆。

14日，敌以大炮掩护少数步兵接近我警戒阵地，敌炮兵自虹口及市中心开始向江湾镇内部及外域中国军队阵地炮击，敌飞机亦进行轰击，二二六团团长张绍勋被击伤。在高境庙附近，敌军一个联队向中国军队阵地进犯，经守军出壕迎击，在市立公墓前激战，击溃敌军，中国军队未予追击，严守新的防线。

15日晨，江湾防线外警戒区，中国军队又重创敌军。敌从蕴藻浜方向进

江湾：历史与风景
JIANGWAN LISHIYUFENGJING

八一三淞沪抗战中，中国军队在江湾一带要冲路口，堆积沙袋，据此抗敌

入我庙行警戒区，以为中国军队已尽撤。中国军队在警戒区待敌深入后，乃四面出击，毙敌 500 余，将其驱逐出警戒区。

9月16日，宋希濂被任命为七十八军军长，并兼任三十六师师长。根据敌军连日侦察之情况，针对江湾阵地的不足之处，进行研究："江湾闭锁阵地形成孤独突出之指形，而位于集团军阵地之中央，左右均无依托，阵地前地形亦颇复杂，阵地后更乏良好之第二线阵地，似为集团军全线之弱点。敌虽能判断江湾阵地在工事配备上兵力上为一难攻之强点，但敌当于中央突破之自信心，在'一·二八'战役中江湾卒被其突破，况敌拥有优越之炮兵及装甲部队，对于攻击江湾之市街防御，当感有确实之把握，且在战术上敌人与其强攻闸北，毋宁强袭江湾，可一举瓦解我之阵地也。"

日军必攻江湾，其重点在南侧，如此，中国军队守备江湾，则在江湾外围附近与敌决战，以削弱其炮兵、装甲兵之威力。为此，中国军队增强阵地工事，使之成为韧性阵地，以逐步消耗敌多量兵力起见，在主阵地前，利用坚固村落构筑数个抵抗中心，发挥中国军队韧性之战斗力。同时，二一一团派出一营在藤佩路两侧及北薛家塘构筑独立支撑点，主要对东南两方面构成火力网。二一五团派出一营在马夫路以东地区利用坚固家屋构成一个独立支撑点，主要面对东南两方面构成火力网，对马夫路以西地区亦能射击。二一六团派出一营在东

江湾之战中的中国军队将士

岳庙、北浦桥地带构成一独立坚固支撑点，主要对东北两方构成交叉火力网。上述支撑点前面的道路桥梁均被破坏。

9月16日，三十六师指挥部由北孙宅推进至其东面的杨户宅。同日晚8时，敌军一联队向持志大学、体育会路方向我阵地进攻，势甚猛烈，中国军队待敌军炮火稍稀，当敌军逼近时，即跃出战壕，与敌肉搏，激战一小时左右，

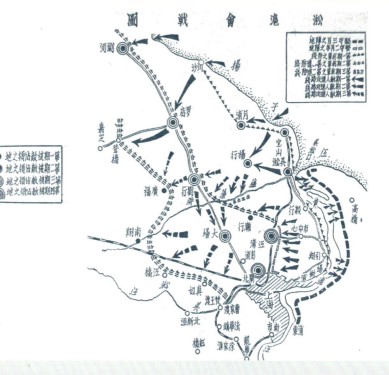

八一三淞沪抗战形势图

敌乃溃退。在高境庙方面，中国军队全线反击，敌军阵势大乱，一部溃退。其后的三天，敌军每日有 300 人左右从不同方向骚乱警戒部队，均被中国军队诱其深入而痛击，遗尸不下百十具。

近一周来，日军的中央突破计划遭到中国军队的痛击，我方坚守阵地，日军整理增援，重新配置军力。战场在沉寂数日后，日军重新发起大规模的进攻。9 月 19 日，在复旦大学前之奚家塘、张家巷附近集结兵力 600 余人，在叶家花园前之陆家角、庄家阁附近增加兵力至 500 余人，在市中心区兵力七八百人，并有坦克车 20 余辆，向我阵地进行骚乱。20 日晨 4 时，日军开始正式进攻，首先以炮火向我江湾主阵地制压，以一部分炮火向复旦大学、叶家花园两据点猛烈轰炸，附近房屋多被毁坏。同时，从翔殷路、三民路方向，敌坦克车鱼贯而至，掩护步兵向我阵地进攻，中国军队炮火与重机枪亦猛烈回击，密集如雨。二一五团第三营依靠坚固工事，精确之射击，阻止敌军的进攻，击毙过半数之敌，至黄昏之时，战事渐渐停息。复旦大学、叶家花园依然完整地在中国军队手中。该营营长廖祥光当天在叶家花园指挥战斗，兼顾指挥复旦大学阵地。中国军队坚韧阵地之配备，在战时发挥了作用。

20 日至 24 日，日军仍逐日增强兵力，加长炮击时间，并以多数飞机进行集团式轰炸，援助其步兵日夜不断施行攻击。中国军队不断补修工事，增强第一线兵力，继续进行韧性之抵抗，挫折其锋，消耗其兵力。在江湾方面，23 日晨，有 200 余人的敌军，借铁甲车掩护，自江湾路底向持志大学阵地前进，中国军队以机关枪密集扫射，击退敌军多次冲锋。相持一小时后，敌军败退。

25 日，敌军开始在中国军队阵地前沿的体育会路、狄家浜、周家宅、奚塘湾等线构筑据点、工事及铁丝网。26 日下午 5 时，中国军队向爱国女校的敌军阵地发起炮击，并由曲家桥、粤东中学两个方向，步兵向敌军警戒阵地逼近，敌军惊恐异常，曾派坦克车十余辆，在江湾路掩护步兵进攻，双方炮火甚烈，至 7 时左右，中国军队乃回水电路阵地，凭壕坚守，与敌相持。

28 日，晚 8 时起，敌沿市中心区的三民路西进，即在江湾跑马厅之北李

中国军队前线哨兵

家宅、北季宅、东宅等处，与我前哨发生接触，敌知中国军队警备森严，未敢深入。

29日晨，江湾方面泗泾球场之敌，向我贺家宅警戒线进犯，相持半日，午后更趋激烈。至下午5时左右，我机关枪部队在坦克车的掩护下，由正面突击，敌仓皇应战。相持一小时，中国军队予敌重创后返回原防阵地。入夜，敌军不断地向体育会路一带炮击，掩护其在市中心区的部队调动。深夜，日军对中国军队进行全线大进攻，一面以重炮轰炸中国军队罗店阵地，一面以飞机大炮协同轰炸闸北、江湾一带，遭到中国军队的坚决回击。江湾正面之敌已转移到闸北方面，攻击八十八师，并攻陷一线。右翼守备唐桥部队亦遭敌军攻击。但本地区守军依然保持警惕，并随时与周边部队策应。30日下午3时起，敌又以大炮及飞机，向八字桥、水电路、江湾车站、高境庙车站一带进行猛烈的轰炸，发炮弹达四五百枚之多，目的在于破坏我方军事工事，并窥察我方弱点，乘势

八十八师在马路上的堡垒

进犯。中国军队除严密戒备以外，改取攻势，将盘踞在爱国女校的敌军完全驱除。6时左右，敌军向我八字桥阵地进攻，我方坚守阵地，并由粤东中学方面向广中路出击，与敌周旋，约一个小时激战，将敌击退。敌又以战车为阵，与我方对垒。7时左右，敌以军舰大炮、坦克车及机关枪队三种兵力，向江湾复旦大学以北翔殷路进犯，我联络机关枪部队予以痛击，守住了阵地。

因罗店阵地已成焦土，中国军队自10月2日起沿沪太公路以西的据点均向西1公里作有序移动，日军亦向市中心区方向后撤1公里左右。此时日军增援部队抵达上海，计有20万人以上。

30余小时后，日军发动对中国军队的全面进攻，兵力集中于罗店、蕴藻浜之北岸。自10月4日起，用重炮轰击我阵地，每小时数百发，掩护步兵强渡，激战一天，双方死伤均很惨重，但没有攻破我阵地。

10月5日，敌军向江湾方向渐渐增加兵力，并时有骚乱。10月8日，敌军一个营，坦克车六辆集中炮火，专攻复旦大学，中国军队守兵仅一个排，自早

江湾：历史与风景

JIANGWAN LISHIYUFENGJING

1937 年 11 月，中国军队士兵在江湾镇侦查日军之情形

晨苦战至中午，悉数伤亡，复旦大学终被敌攻破。当晚，中国军队抽调兵力一个连，仅收复该校西半部。9 日正午 12 时，敌军向两江女校、叶家花园等地炮击，下午 4 时开始增加兵力至两个营，坦克车十余辆，实施全线进攻，并以一个营的兵力攻击、牵制我左第一线。此时中国军队已无预备队，任由各据点自行作战，主阵地仅得步兵炮、战车炮遥为支援。然中国军队官兵誓与战地共存亡，坚持鏖战至晚上 8 时，复旦大学两个排、赵家巷一个排、叶家花园两个排、八字桥一个排均英勇牺牲，此四处均陷敌手。同时，我左第一线市立公墓之警戒阵地亦以守兵一个排伤亡过半而退出。晚上 10 时，中国军队抽集步兵一个连在主阵地炮火掩护下，向复旦大学猛攻，经过肉搏，毙敌数十名，乃收回复旦大学西半部，与敌相持。师部指挥所为便于指挥，移至大场南之孟家本桥。

10 月 10 日凌晨 3 时，复旦大学守兵增加至四个排，并通过偷袭，收回其

江湾战场

淞沪抗战中的

十

东半部，完全占领该校，并以此作为据点，加强工事，构筑外壕。

10月11日以后，日军集中火力，企图突破中国军队大场阵地，与中国军队激战至烈。同时，敌数度以重兵进攻江湾，均被击退。16日以后，叶家花园之日军渐次增加到700多人，并构筑工事，取守势。我警戒部队前沿的村落之敌，亦增强工事，作旷日持久之计。

10月20日，第九集团军发出9号命令：敌仍以主力向大场南翔攻击，一部牵制我东正面各军，我东正两面各军巩固现阵地，另组多数突击队不断突击，以迷惑敌人，策应我攻击军之作战。三十六师乃守备原阵地，但在友军转移攻击时，分组突击队向奚塘湾、张家巷、天禄寺等处突击，以牵制敌军。

10月21日晚8时，中国军队开始转移攻势，但江湾阵地因没有落实弹药器材等原因，仅得以加强四个排的兵力，分由谈家宅、两江女校、蔡家宅、宋家桥四处向当面之敌勉力施行突击。各突击队冲破敌警戒线时，并无困难，但抵达梅巷、奚塘湾等处时，遭遇敌增援部队，遂即发生激战，至11时半左右，我右翼两个突击队经再三肉搏，先后占领梅巷、奚塘湾两处，但叶家花园之敌旋向奚塘湾出击，市中心区之敌亦从翔殷路方向增援，我突击队处于三面包围之中，不得已边战边退，梅巷突击队也受影响，不得不撤出。左翼两个突击队则与敌胶着于南季家湾、李家庄两处，敌凭坚固工事，顽强抵抗，且有援兵不断前来，我突击队最后也撤回主阵地。

10月22日至23日，江湾阵地无激战，惟受敌炮击如常，23日晚，师指挥部移驻真如车站之北的孙家角。24日拂晓，敌以一个营的兵力进攻复旦大学，我守兵两个排坚持至午后，全部牺牲，该据点又被敌占领。

10月25日，三十六师的江湾阵地交由保安总团派兵接替，随即赴大场，协助守卫大场，但大场阵地的大部分已被毁，遂告突破。我江湾、闸北守军因侧背受极大威胁，不得不于26日向小南翔一线撤退。11月5日，日本第六、十八师团在金山登陆，援兵越来越多。11月13日，淞沪战区指挥部所在的南翔弃守，历时三个月的淞沪战争宣告结束。

淞沪铁路江湾站遗址西侧的碉堡（方忠麟　摄）

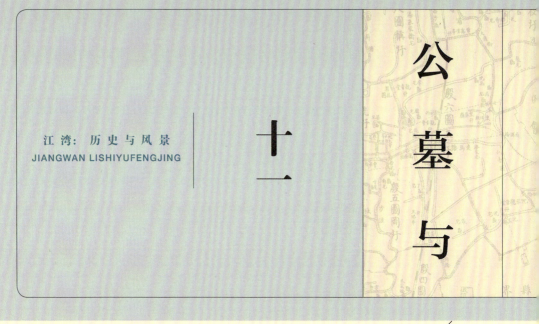

江湾：历史与风景
JIANGWAN LISHIYUFENGJING

十一

公墓与

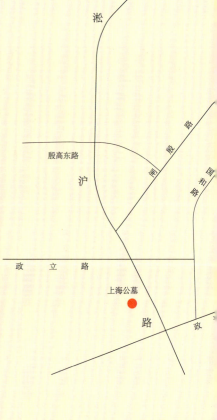

上海公墓

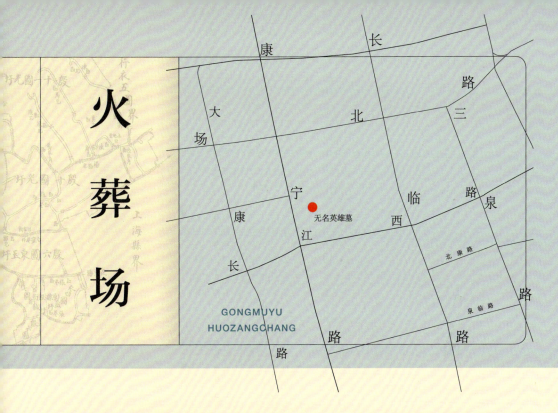

火葬场

无名英雄墓

　　江湾是上海的郊外，是抗战的前沿阵地，既有纪念英雄的公墓，亦是华界第一公墓与火葬场的所在地。

　　1932年的淞沪抗战，根据各参战部队造送名单，淞沪抗战牺牲将士为4031名，选定代表葬名额128名，适合"一二八"之意义。其中六十师20人，六十一师20人，七十八师30人，八十七师20人，八十八师30人，税警团4人，吴淞要塞2人，宪兵团2人。公葬地点在南京灵谷寺国民革命军阵亡将士墓内。1933年4月，依照各师部队指定名额的牺牲将士遗骸，如数运到南京，6月2日葬妥公墓。

　　江湾的"一二八忠烈墓"，由民间发起，于1932年11月建立。一·二八战役刚结束，江湾崇善堂董事蔡香荪、陆澂宇等士绅就组织掩埋队，收殓兵民尸体1300余具。由德隆烟草公司总经理王维宾独捐棺木，费用达万余金。战役平息后，汇葬于江湾镇北江杨路月石桥西首的长沟湾，该堂地产9亩余。蔡香荪是江湾名医，因捐助及兴办卫生事业，曾获国民政府一等金质褒章，为上海市获此奖的第一人。旋又获前驻沪外交处长严恩槱捐助，建造纪念碑。同时，在大门口建立纪念牌坊一座，建造墓屋三所。该项工程由建筑师全仁

177

元义务设计，蔡鸿记水木作经造。墓碑前有国府主席林森题"忠烈千秋"，背面有时任行政院长汪精卫题的"心昭日月"。

"一二八忠烈墓纪念碑"上，刻有沈鸣时所撰的碑文："中华民国二十一年一月二十八日晚，日军侵吾闸北及吴淞，竭其全力不得逞，乃集矢江湾。二月二十日，下令总攻。吾江湾境内，繁盛市镇，鳞比村落，不旬日间，十九化为焦土，呜呼酷矣。三月中，战甫已，崇善堂董事蔡君耀璋、陆君澂宇等，不忍睹殉国将士、死难同胞，尸横遍野，爰有掩埋队之组织，筹经费，遴员役，鳌计划，昕夕不遑宁处。虽敌军苛令牵制，进行不稍馁，暴露以免。是年冬，辟镇北长沟湾公地九亩余，将权厝四郊者，仿欧美新制，汇葬一邱，以妥忠魂。越二载，复筹款建碑坊，造墓屋，辟通衢，缀花木，全功竟成。盖一二八战役，民众牺牲固巨，民族存亡，实系于兹，非稍壮观瞻，不足激励众志，而图湔雪，责尽后死，岂仅目为仁光掩骼者哉。是役掩埋尸体千三百具，附葬广肇山庄者不与焉，糜款万五千余金，甬上王君维官任掩埋费银万余元，同里严君因樨，独任纪念碑银五百元，热忱公益，率先倡导，允可风已。其余出力暨捐款诸君，别留纪念，兹不备书。中华民国二十四年元旦，里人沈鸣时敬撰，刁庆恩谨书"。

每年"一二八"纪念日，江湾士绅均举行致祭仪式。1939年1月28日，因江湾沦为战区，避难在租界的江湾士绅不得不在租界里举行遥祭。

除了"一二八忠烈墓"外，江湾还设有无名英雄墓。一·二八淞沪战役，中国军队苦战 30 余日，其间抵抗最久，伤亡最多者，实为庙行镇一带，庙行一村落，居民仅百余户耳，以旧有泗漕庙得名，西南距大场镇，东南距江湾镇，各七八里。日军攻闸北，久不能下，乃续调大军改设主攻点于此。中国军队因屋为营，掘壕死守，在炮火机弹狂轰猛射之下，村屋全毁，士兵死亡山积，中国军队在总退却以前，敌未能越雷池一步。此为我民族精神之表现。而当时粉身碎骨之大多数士兵及英勇助战人民，遇害而不知姓名，仅余荒冢累累，为此沪上名流发起，由胡均秋、杜重远等 5 人负责创建，墓址选在抵抗最久、炮火最烈、伤亡最多之庙行镇东南隅，设"无名英雄之墓"。

由于地处乡镇，交通不便，缘发起筑通与市区相连之路，西通大场，南接闸北之岭南路，使四时凭吊者无绕道之烦。征收地皮时，每亩给银 100 元。关于墓茔、道路等所有之费，当初由上海市地方协会拨款 1 万元，余款由京（南京）沪各界募捐，共得 10 余万元，随添沈君怡、杜月笙、王晓籁、刘鸿生等 8 人为委员，襄助进行。全部工程由董大酉建筑师义务设计。筑路一项，地皮

一·二八纪念堂

江湾：历史与风景

JIANGWAN LISHIYUFENGJING

场中路上的忠烈桥（方忠麟　摄）

需款 2 万元，沿途桥梁需款 2 万元，筑路费共为 5 万元。1933 年道路筑峻，1934 年 7 月开始建筑墓茔。

动工建筑时，曾书"无名英雄墓藏志"，藏置基石内，俾日后之稽考。原文云："一二八之役，我军人效命，士民赴义者，不可胜计，姓氏勿彰，事固大可哀，而民族精神，实凭寄之。是年冬上海市地方协会创建无名英雄墓，以慰忠魂，励来者。组委员会董其事，委员十三人，胡君筠秋、篑君延芳、张君效良、杜君重远、沈君君怡、薛君次莘、董君大酉、杜君月笙、王君晓籁、刘君鸿生、王君延松、林君康侯，嘉璈亦与焉。议就抵抗最久、炮火最烈之庙行镇，度地营阡，由宝山士民助巨三十三图驹字圩第十字号地三十亩二分一厘二毫为茔，乃告同胞集捐款，先筑通道，使南接岭南路、西通大场镇，继建墓堂，于今岁七月鸠工集材，规划者董大酉建筑师，承造者久记营造厂，工料价银六万六千六百七十二元一角二分，十一月奠基石，既由上海市长吴君铁城题字勒其表，爰叙其缘起，并绘图以藏之，若大建墓始末，园林胜概，他日当更为文以志之。中华民国二十三年十一月，宝山张嘉璈识，施同人书。"

墓地占地约 40 亩，墓之四周，遍栽花木，借以拱护侠骨忠魂，墓中并无尸首，仅为一供人瞻仰之衣冠墓，规模极大，建筑费 24 万元。最初完工者为墓门甬道、围墙、旗杆、石级、墓碑、墓地、石棺（内储死难者衣冠）。墓址入大门至墓堂甬道，中途隔有小溪一道，须筑桥梁一座。墓堂前的石级用国产石，四周石级系用人造石。墓高宽三丈，深约两丈，向南有一所拱形的门，纪念碑立于堂内，在安置血衣等的石棺上面，有一块纪念碑，上镌蒋介石题写的"无名英雄纪念碑"。墓堂门上，有国府主席林森题的"义薄云天"的横额，右面石壁上，有上海市市长吴铁城题的奠基纪念石，上面有 1934 年 11 月的日期。

一·二八纪念路建成以后的情形

　　1936年1月28日上午9时，为纪念一·二八淞沪抗战四周年，上海文化救国会、上海妇女救国会、上海市民联合会等百余团体、800余人假市商会大礼堂举行纪念大会，推马相伯等19人为助兴团，首由沈钧儒报告，称十九路军以大无畏精神抵抗敌军的侵略，鲜血染红了庙行、吴淞、江湾、八字桥等地，结果小小地名，成为永远不可磨灭的地名，而军队的番号，亦永远给予人民以留纪念。次有青年歌咏团领唱《义勇军进行曲》和《一二八纪念歌》，悲壮的歌声响彻云霄。接着由王造时、骆清华、李公朴等人演讲。散会后，全体代表800余人，由主席团领导整队出发，步行至庙行镇，公祭无名英雄。行前，由大会准备面包，分发充饥。自开会地点到庙行计路程数十里，参加代表，奋勇步行，精神百倍，"洵足以立积懦而振民气"。

　　诗人黎先耀，毕业于上海暨南大学商学院，曾写过《题无名英雄墓》的诗篇：

　　　　是埋在地下的紫云英，
　　　　春天踏着你们的尸体而来！
　　　　你们的名字花谱上找不见，
　　　　用铁犁刻在永远芬芳的泥土上，
　　　　用稻穗的金针，
　　　　绣在丰收者的笑涡中。

上海公墓为沪滨四大公墓之一，位于江湾淞沪路，由江湾镇前往，七八里之遥，墓基原系沪商吴任之、张予权等于1925年辟地200亩建造，供公众购穴营葬之用。"此地人声沉寂，车马鲜至。若值日丽风和，举目纵望，尚觉胸怀豁朗。至若阴雨连绵时，则徜徉其间，未免有悲从中来之感。"监察院长于右任之女公子淑贤墓、江苏民政厅长胡朴安之女公子沛平墓均在该处。两女士为上海城东女校同学，1931年1月20日，《申报》在"风凄月冷三芳茔"的报道中写道："于女士擅书法，深得家学渊源，胡女士则兼长书画，书法赵孟頫，画则临摹黄石谷。自于女士随父返陕后，二人遂隔别，从此天涯海角，相望增思。但人事靡常，朝菌易萎，故曾不数年，二女士均相继陨谢，殊为可哀。今二女士合一墓地，芳茔为邻，未始非偶然之事。九原有知，其情谊更胜于生日，而风雨晨昏，羁魂有伴，度不致苦寂欤。"

除了公墓以外，江湾还有粤侨的"联义山庄"，位于宝兴路底，占地约10亩，划分数十穴，设施如外国坟山，树木茂盛。1935年3月8日，著名影星阮玲玉自杀，3月14日，她的灵柩由万国殡仪馆移往联义山庄。有人在《悼念阮玲玉女士》的文章中写道："十五日晚，从联义山庄归来，薄雾遍布了田野，淡烟笼罩着树林，眼前春风飒飒，恍如听秋坟的鬼唱，桃瓣片片的下坠，一派凄凉气象，更使人看透虚荣的人生，也是这样的一现。"

但是，上海的公墓均为民营，还没有政府经营者。上海特别市政府自成立以来，积极实施"大上海计划"，以图将上海建设成一个内联全国，外通四

联义山庄旧址（方忠麟　摄）

海，能"取租界而代之"的大都市。1929 年，上海市政府计划设立市立公墓，特令卫生局局长胡鸿基、土地局局长朱炎，积极征收民地，筹建公墓。原计划在江湾建造第一公墓，在蒲淞建造第二公墓，在漕河泾建造第三公墓，在浦东建造第四公墓，每一公墓均占地百亩以上，可容四五千柩。但因财力问题，难以同时举办，故分期建造。首先从江湾入手，建造公墓，因此，江湾公墓亦称市立第一公墓。

第一公墓位于高境庙车站之西，占地 120 亩。1931 年 12 月，招标兴建，得标者合记公司，计标价 10900 余元，1932 年 9 月竣工。前筑短垣，后开小河一道，即以取出之土填地。大门楼左右建屋 7 间，设司阍室、接待室、休息室等，两翼为寄柩所，为殡葬前停放棺柩之用，园中正对大门者为礼堂，乃宫廷式大厅 5 间。园内余地划为若干区，可殡坟 5000 穴。四周有马路可通达。墓穴计甲等 4000 穴，乙等 1000 穴。甲等租金每穴 60 元，乙等免费。

在市立公墓建造的同时，上海市政府颁布《上海市公墓管理规则》：（1）本市为便利市民营葬，并整理市容，保持公共卫生起见，设立公墓若干处，定名为上海市市立公墓第几公墓。（2）市立公墓分收费区、免费区两种，收费区面积占全部墓地之三分之二，免费区占三分之一。（3）凡领用收费区之墓穴，应填具申请书，并按照数目纳费，经主管机构核定后，给予使用墓穴证书。（4）凡领用免费区内之墓穴，须由柩主填具申请书，呈明确实理由，经主管机构核定后，始得认领。（5）市立公墓，每墓所占地面积，长不得逾 5 米，

位于江湾的市立第一公墓

宽不得逾3米，每穴限葬一棺，穴之深度，以椁盖低于地平面半尺以上为准。（6）落葬后，如有迁移修理或起掘等事，应先将理由呈请主管机关备案。（7）葬在免费区内之棺枢，经5年后，得起出葬人义冢或火葬之，但须先期通知其家族。（8）墓面建筑式样，须经主管机关核定后始得动工。（9）市立各公墓设置管理处，管理该公墓之一切事务，受主管局之监督指挥，其办事细则另订之。（10）本章程如有未尽事宜，得随时修正之。（11）本章自公布之日起施行。

市立第一公墓祭堂

除了设立公墓以外，"大上海计划"中的卫生方面，还有设立市立医院、传染病医院，辟建火葬场及义冢地，改良处置垃圾设备，添装垃圾汽车及洒水汽车、水泥垃圾箱，建筑公共厕所，设立公共浴室等内容。其中，火葬场作为民生主义的社会事业，列为重要的一项。1929年，据市卫生局调查，"上海一埠，浮厝已有十万具之多，本埠人口，本极稠密，不少良地，又为此类浮厝所占，故在社会经济、公共卫生、市容观瞻上均极受妨害，故火葬之急需，自不待言"。1935年4月，上海市政府设立火葬场建设筹备委员会，由王一亭、屈文六、关炯之、黄涵之、叶誉虎、郭承恩、郝伯、温宗尧、朱溥泉、江一平、李元信及政府相关部门负责人组成。1936年确定建造浦西的火葬场，即择定上海市立第一公墓前面的公地

市立第一公墓牌坊

作为场基，计有 20 亩。全部建造费为 6 万元，市政府拨款两万元，伍连德博士筹集 1 万元，其余 3 万元由王一亭、杜月笙等委员向办理掩埋棺柩工作之各慈善团体劝募。

伍连德（1879—1960），祖籍广东新宁（今台山），出生于英属马来亚槟榔屿（今马来西亚槟城州），是我国著名医学家、公共卫生学家，是中国检疫与防疫事业的先驱，也是火葬事业的积极推动者。他早年留学英国剑桥大学意曼纽学院，研究传染病及细菌学。后来到英国利物浦热带病学院、德国哈勒大学卫生学院、法国巴斯德研究所进行实习、研究。1903 年，获剑桥大学医学博士学位。1907 年，应清朝政府聘请出任天津陆军军医学堂副监督。1910年 12 月，东北爆发大鼠疫，伍连德被任命为东三省防疫全权总医官，赴哈尔滨调查并开展防治工作，在四个月之内控制了疫情。并通过现代医学方法证明鼠疫是由呼吸道传播；其为防疫而设计的口罩得到广泛使用，被认为是 N95 口罩的始祖之一。1911 年初，他在哈尔滨建立了中国第一个鼠疫研究所。1915 年，伍连德和颜福庆等人共同发起成立中华医学会，创刊《中华医学杂志》。1930 年 7 月，全国海港检疫管理处在上海成立，伍连德任该处第一任总监兼全国海港检疫管理处处长。在上海工作期间，伍连德对于提倡火葬，极为热心，被上海市政府聘为市火葬场筹建委员，并筹建中国火葬协会。

此外，在伍连德的建议下，上海火葬场筹备委员会发起成立中国火葬协会，以资推行提倡，该会的宗旨：（1）推广卫生化、经济化、美术化之葬法。

（2）协助政府及人民利用现为坟墓所占之土地，改种农产，政府可得税收，人民可得进账。（3）与当地政府合作建立美术化火葬场，以供欲火葬者之需要，并求适合吾国固有习惯及风俗。（4）努力宣传火葬之利益。（5）设法联络世界各国之同类团体，将来成立后，甚望各界热心提倡人士，踊跃加入。

上海市立火葬场的建筑式样，采用本国的建筑式，燃料方面，如用煤气，费用较大，有失经济简省原则，故决定用柴油。"火葬用具很是简单：一具火葬炉和燃料。燃料分煤气和柴油两种，后者费用较省。一具人尸在火葬之后，可得'骨灰'约三磅，恰占人体重量的五十分之一。把这些骨灰用瓷器封储，可供子孙辈奉祀之用。据二十六年（1937）的计算，用柴油火葬人尸的费用，平均每具只需法币三角。"火葬炉式样，请德国工程师设计，大致将三具尸体，同时安置在火葬炉焚化。1937年3月，上海市政府邀请各团体协商建筑费认捐办法，丹阳旅沪同乡会、京江公所、潮惠会馆、普善山庄、山东会馆、江淮公所、江宁六县同乡会、宁波旅沪同乡会代表及慈善名人等20余人出席，一俟各方认定捐款后，即日招标开工，约于六个月内完工。但是，这一计划，因日本全面侵华的八一三淞沪抗战的爆发受阻而未成。

    1945 年 8 月日本投降后，上海对日本战犯依法进行审判。上海审判可分美军对日本战犯的审判和国民政府对日本战犯的审判，而国民政府的审判地主要在江湾，因而江湾是上海审判的主场。

    战犯审判，根据蒋介石"以德报怨，不念旧恶"的政策，对凡是由国际引渡及在中国战区内逮捕的重要日本战犯，依法审判，予以严惩；对普通战犯，则从宽处理。在审判时，注意富有教育意义的惩处条例，以达到如下目的：（1）日本军阀穷兵黩武之错误；（2）日本军阀对此战争应负之责任；（3）盟国为正义和平作战的意义；（4）三民主义之伟大；（5）联合国宪章及民主政治思想；（6）揭破日本伪造之神权历史，在正义公理与民族情谊兼顾下，建立中日两国及世界永久和平的基础。

    1945 年 11 月，国民政府成立战犯处理委员会，隶属国防部。次年 2 月，

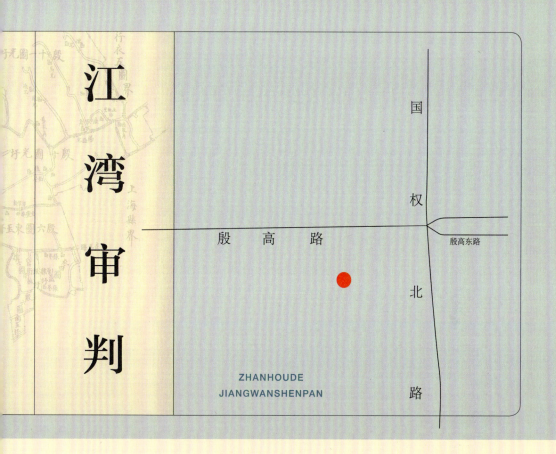

江湾审判

国

权

北

路

殷高路

殷高东路

审议通过《战争罪犯审判办法》《战争罪犯处理办法》《战争罪犯审判办法实施细则》。8月，将上述法规修正成《战争罪犯审判条例》。根据条例，战犯审判案件，由国防部配属于各军事机构之审判战犯军事法庭管辖，审判战犯军事法庭之设置及其职权之划分，由国防部会同司法行政部后，提交战犯罪犯处理委员会决定。审判战犯军事法庭，由军法审判官三人至五人出席，军法检察官一人莅庭。关于战犯审判，因无先例可援，复乏成法可依，国防部乃搜集有关国际战争之各种法规条约，及此次大战同盟国处理战犯之协定、

上海市民检举日本战犯

191

文告、规章等有关文献，分别予以整理翻译，汇编印发各军事法庭，以为引用国际法之依据，并作审判时之参考。

国防部上海审判战犯军事法庭，1946年3月中旬成立，地点在江湾路1号第一绥靖区司令部原址（原日本海军特别陆战队司令部）的四楼，由司令官汤恩伯负责设立，派刘世芳中将担任庭长。同年6月左右，第一绥靖区司令官调李默庵担任，乃为第一绥靖区司令部军事法庭，旋因刘世芳庭长赴美，上海高等法院于8月24日派出上海高等法院院长李良继任庭长。1947年4月，名第一绥靖区司令部审判战犯军事法庭。5月16日起，改名为国防部上海审判战犯军事法庭。由原国防部军事法庭审判长石美瑜少将担任庭长。

军事法庭设庭长1人，军法审判官5人，检察官2人，主任书记官1人，书记官7人，司书4人，副官1人，军需1人，传令兵1班，警卫宪兵1班。

刘世芳庭长时期：庭长：刘世芳。审判官：蒋保厘、蒋保廉、瞿会泽、唐鸣时、陆起。检察官：林健鹏、顾永泉。

李良继庭长时期：庭长：李良继。审判官：瞿会泽、陆起、张世杰、胡永龄、林健鹏。检察官：屠广钧、符树德。

该军事法庭系由军事及司法机关会同组织，所有战犯系由各地移押解沪，及在沪扣留，或经被害人或蒙难同志会指认检举，先后接受案件250多起，

上海审判战犯军事法庭审判长石美瑜

至 1947 年，结案 100 余起，未结案 100 余起。

审理战犯之手续，先经检察官侦查，认为有罪者提起公诉，无罪者不予起诉。提起公诉之案件，先由承办军法官调查，然后开合议庭，讯明判决。不论不起诉或判决案件，均须送呈最高当局审核作最后之决定。有罪战犯拘留江湾高境庙国防部上海战犯拘留所，已判死刑者羁押提篮桥监狱。因审理战犯有国际性，所有判决书须送交伦敦战争罪犯处理委员会。

国防部战犯管理处，前身是战犯管理委员会，1946 年 7 月 16 日设立。自从改组隶属国防部以后，已经扩大了工作范围，成为一个全国性的调查战犯和管理战犯的机构，地址设在江湾高境庙。

因战犯嫌疑被拘禁的日本人，共计 1117 人，其中大部分是宪兵，在 700 人以上。管理处分三个拘留所，一个在吴淞西兵舍，专门收容宪兵，两个在高境庙，分别收容将官及一般的战犯。有些将官已经成为囚犯，但不忘自己的身份，要求随带勤务人员，所以还有 100 多个并无战犯嫌疑的日本人，也陪着在收容所里服侍他们。

这些日本战犯除了严禁出入外，享受一定程度的自由，食粮与补助由中方负担，将官每月有 800 元，士兵有 200 元的零用费。他们自己组织一个生活互助会，每天可打棒球和其他运动，此外还办了一个宣导三日刊，除短小的新闻外，主要是改造他们的思想。也有自学国语的，也有进行自我检举的。当时，拘留所尚有侦查中或已判决的战犯共 206 人。他们居住在一所带有掩蔽色彩的厂房中，屋内分隔双层，睡铺系日式的"榻榻米"，日常生活与中国士兵相同，但配有劳动时间，他们可自行种植蔬菜，畜养鸡鸭，以佐日常生活所需，屋外有通电的铁丝网，约一人身高，警备甚严。《中华时报》记者对拘留所的生活曾有如此描述："其生活之优裕、自由，较任何国人罪犯所居之监狱为佳，狱室之设置宛如学校宿舍，战犯等在指定时间内制造飞机、战车等儿童玩具作业及感化训练外，每日并规定入浴时间，饮食方面由战犯自制日本式之饭菜，加以该处环境清幽，管理清洁，故一般战犯，俱各来信监狱当局，万分感激。"1947 年 1 月，冈村宁次在日记里也有如下记载："小笠原由上海返回，据报告，原在提篮桥普通监狱之 188 名与战犯有关的人，现在转至江湾拘留所过集体生活，数十日来始能入浴，大家很高兴。"

战犯管理处分四个组：总务、管理（包括警务、宣导）、调查取证、核查

（研究资料、户籍等）。其中有日籍职员 20 多人，他们都是以前军令部重庆俘虏营的俘虏，经过多年训练，思想上已有感悟，担任整理资料及翻译调查情报等任务。战犯管理处希望市民能多提供证据，使那些作恶多端的战犯早日受到惩罚。

1947 年 10 月，战犯处理委员会讨论决定，在上海专门设立全国性的战犯监狱，将判决徒刑之战犯集中在上海关押。高境庙战犯拘留所的原址，改建扩大，设立江湾监狱，可容战犯 500 余人。江湾监狱设立后，各地战犯陆续赴上海，对他们先集中加以管教，迄刑期满后再遣送返国。正副监狱长由原战犯管理处处长邹任之少将和前拘留所所长董悌庵担任。

江湾监狱曾发生一战犯越狱事件：中野久勇，31 岁，曾在崇明宪兵队任军曹，于 1944 年 12 月 5 日，对崇明县第一区区长黄乾亨施以酷刑，枪杀毁尸，又逮捕我游击队员 20 余人，身缚石块，抛掷海中，名为"大汤馄饨"。日本战败后，经被害人家属检举，逮交战犯监狱扣押。经数次开庭，中野知其罪行重大，难免一死，于 1948 年 1 月 14 日深夜，乘看守疏忽之际，越狱逃走，在铁丝网边上，遗留黄呢军大衣 1 件。2 月 24 日，中野在乍浦路桥边被捕，当晚押于警局看守所。2 月 26 日，中野久勇被押解江湾监狱，次日开庭判死刑。4 月 8 日，在提篮桥监狱被执行枪决。中野越狱之事，令蒋介石大为震怒，下令将典狱长邹任之少将免职。

至1949年1月，军事法庭所有战犯案件，全部审理完毕，共2200余件，判死刑者145件，加上在监狱里死亡的，共192人。有期或无期者四百余件，其余无罪遣送。判刑者全部在江湾监狱服刑。

在上海军事法庭被判死刑的战犯，有"常熟之狼"米村春喜、"江阴之虎"下田次郎、黑泽次男（情报人员）、富田德（溧阳日本宪兵军曹）、芝原平三郎（特务机关高官）、浅野隆俊（上海日本宪兵队情报员）、野间贞二（上海日本宪兵队军曹）、久保江保治（上海日本宪兵队准尉）、大庭早志（崇明日本宪兵队队长）、中野久勇（崇明日本宪兵队军曹）、妻苅悟（越南日本宪兵队大尉）、田岛信雄（越南日本宪兵队军曹）、小西新三郎（越南日本宪兵队军曹）、大场金次（宁波日本宪兵队军曹）、松谷义盛（日本松江宪兵队）、伊达顺之助（化名张宗援，伪山东自治联军司令）等。

上述死刑犯，大部分在提篮桥监狱被执行枪决，有一些则在公开游街后被押送到江湾刑场执行枪决。如日本战犯"常熟之狼"米村春喜，为原常熟日本宪兵队分队长。"江阴之虎"下田次郎，为前江阴日本宪兵队军曹。战时在江阴、常熟、太仓一带，捕杀我抗战志士，及无辜平民，非刑毒害，犯案累累，经国防部上海审判战犯法庭判处死刑。军法处除张贴布告，公布两犯的罪

1946年6月17日，"常熟之狼"米村春喜、"江阴之虎"下田次郎，在游街示众后，被押往江湾刑场执行枪决

行外，还仿照古法，游街示众，1946 年 6 月 17 日，经蒋介石核准执行。此为上海枪决战犯之第一件。6 月 17 日中午 12 时许，公布游街预定线路，沿途已是人山人海。凶犯所经之处，民众均拍手称快。

下午 1 时许，军事法庭检察官符树德、屠广钧，翻译罗涤，书记官袁庸庆在提篮桥监狱广场内，设立临时法庭，至 1 时半，下令将两犯提出，先是下田次郎，后是米村春喜，两犯均拒绝打麻醉剂，由宪兵将两犯押上囚车后，由警察局红色警备车前导，随后是宪兵队及警备车三辆，再后是两犯的囚车。又有

提篮桥监狱（方忠麟　摄）

戒备的吉普三辆尾随。两旁则为警备部之机动车队。

3时15分，车队自提篮桥监狱开出，浩浩荡荡进行游街，沿途经华德路（今长阳路）过外白渡桥外滩，西折南京路至同孚路（今石门一路），向南折入，复沿同孚路向东入林森东路（今淮海东路），再北入虞洽卿路（今西藏中路），至大世界向中正东路（今延安东路），北折四川路过桥，沿北四川路，于4时50分抵达江湾刑场。沿途，两百万市民夹道争睹两魔，血债要用血来还！

江湾刑场位于荒冢野草之地，此时空前热闹。附近及远来的市民，先行在那里静候者达5万人以上。囚车既至，观众顿时狂呼，为刑场上所罕见。两犯从囚车下来，步行数步，号声突起，立命战犯下跪，只闻两声枪响，同时发出，两恶魔仆倒于地，当场毙命，时为5时5分。

被上海军事法庭判处无期徒刑的战犯：丸山政十，杨树浦日本宪兵队军曹，因"连续对非军人施酷刑，处无期徒刑"；岩间力男，日本北支派遣军分队长，因"作战期间违反战争法规，非法征用并强迫非军人从事军事工作，纵容部属杀人，处无期徒刑"；川添平次郎，沪西日本宪兵队军曹，因"在作战期间，违反战争法规，连续对非军人施以酷刑，处无期徒刑"；尾崎寅次、北原文吾，均为上海新市街日本宪兵队军曹，因对非军人施以酷刑，处无期徒

观看日本战犯被枪决的民众

刑；美浓轮武夫，青岛日本宪兵队，因滥捕平民，大施酷刑，处无期徒刑；后藤重宪，青岛日本宪兵队军曹，对非军人施以酷刑，处无期徒刑；野地嘉平，日军师团长，因"作战期间，于湖北江陵一带纵容部属杀害非军人及抢劫财物"，处无期徒刑；黑濑平一，日军少将旅长，因"纵兵屠杀平民，并破坏财产"，处无期徒刑；船引正之，日军中将师团长，因"纵容部属强奸我妇女并杀害我平民，处无期徒刑"；落合甚九郎，日军师团长，因"纵容部属屠杀平民"，处无期徒刑；伊东忠夫，日军台湾裁判所法务官，因"将我军俘虏二十人以抗日罪判死刑"，处无期徒刑。日本前香港总督矶谷廉介，其在南京被判无期徒刑，押解来沪，在江湾监狱服刑。

　　1945 年 9 月 9 日，冈村宁次作为日本中国派遣军总司令官在对华投降书上签字，并向中方交出他的随身佩刀，以表示侵华日军正式向中国缴械投降。此后，其以"中国战区日本官兵善后总联络部长官"和"联络班长"等名义，被国民政府软禁在南京，除协助遣返日军、日侨外，还充当国民党军事当局的秘密军事顾问。1948 年 3 月，冈村宁次作为战犯被解往上海候审。7 月 12 日，在上海战犯法庭接受审讯，8 月 14 日进行预审，23 日进行公审。公审那天，有驻上海各国外交官及各界要人等 1000 余人参加，位于江湾路的上海军事法庭容纳不下那么多人，临时选择塘沽路市参议会作为公审法庭。当天上午 8 时，冈村乘囚车离开江湾监狱，8 时半到达法庭，9 时公审开始，中午休息三小时，下午 3 时继续公审，6 时半宣布结束，7 时 20 分回监。不久，冈村宁次即以"保外就医"的名义被移送到黄渡路一所民宅居住。当天乘车离开监狱的时候，他还发出特别的感叹："以前进出监均乘囚车，看不到市街的景象，今日改乘普通汽车，得以眺望青年时代熟悉的江湾一带风光，感慨实深。车到目的地，方知并非医院，仍为前曾叨扰过的王宅，主人一家热情相迎，仍住二楼一室。"

　　1949 年 1 月 26 日上午 10 时，上海战犯法庭对冈村宁次进行第二次公审，也是最后一次审判。当天拂晓起床，5 时在黄渡路住宅乘车出发，6 时抵达江湾战犯监狱。8 时半与同监战犯 259 人，分乘汽车离开监狱至法庭。当天旁听席仅有新闻记者 20 余人。下午 4 时宣判无罪，其理由如下："构成战争犯罪的条件是：在作战期间，犯有恣意屠杀、强奸、抢劫，或阴谋策划违反国际公法，以及支持侵略战争等罪行。此为国际公法及我国战争罪犯审判条例第二、第三条所明确规定者。本案被告于民国 33 年（1944）11 月 26 日接任中国派遣军总司令官。所有长沙、徐州各会战中日军之暴行，以及酒井隆在广东、松井石根、谷寿夫等在南京的大屠杀事件等，均系被告到任以前发生之事，与被告无关。被告在任期间，我军作战大有进展，日军陷于孤立，战意丧失。日本政府正式投降后，被告立即停战，率百万日军奉命投降。在此期间并无上述条款之罪行，只因身为敌军总司令官，而被列为战犯嫌疑犯。被告在任期间，驻湖南、江西、浙江等地之日军曾发生零星罪行，已由该驻军直接上级落合甚九郎、菱田元四郎等承担罪责，本庭已分别判罪，现在服刑中。以上零星罪行无以证明与被告有联系，因而不应负共犯罪责。综合以上各项，依法应判为无罪。"对于法庭的判决，冈村宁次本人也感到意外，一般民意是无期徒刑，庭长拟判 7 年，他本人也希望如此，但由于蒋介石与汤恩伯等人从"反共见地出发的主张"，法庭只得判其无罪。1 月 28 日，中共中央通过新华社发表声明，向南京政府提出强烈抗议，谴责对冈村宁次的判决，要求重新逮捕他。此时

江湾：历史与风景
JIANGWAN LISHIYUFENGJING

蒋介石已宣布下野，代总统李宗仁为争取和谈，下令重新逮捕冈村宁次，但淞沪警备司令汤恩伯将命令扣压不发，并派副官来到冈村宁次在黄渡路的住所，叫他于次日晨 6 时 30 分之前到江湾战犯监狱集合，与狱中其他在押日本战犯乘轮回国。1 月 30 日，冈村宁次等全部战犯搭乘美轮"维克斯"号回国。战犯回日本后，最初在巢鸭监狱服刑。1952 年 4 月 28 日，日本与台湾当局签订所谓的"中日合约"，这些战犯随条约生效而全部获释。

美军在上海设立的军事法庭，集中在 1946 年审理在中国虐待、杀害美军俘虏的案件。战争时期，美军被俘人员被关押在江湾、吴淞两地的战俘集中营。1942 年 4 月 18 日，美军杜立特中校率领的轰炸大队轰炸东京，返回中国基地时，因迷失路途，有数架飞机误降日占区，其中 8 名飞行员被捕。1942 年 8 月，在日本陆军十三师团驻沪总司令泽田茂主持的法庭，将三名美军飞机员判处死刑，将多人判无期徒刑，关押在江湾集中营。1944 年 11 月 21 日，美军一架空袭东京返航的 B-29 轰炸机迫降在湖北汉口之西北，三名飞行员被日军俘虏。12 月 16 日，日本宪兵队派人伪装成中国老百姓，将这三名飞行员用绳捆绑游街，并虐杀，三人尸体被焚化。抗战胜利后，美军军事法庭调查上述虐杀美军飞行员的战犯名单，并在东京、南京等地调查，取得证据。上海案件于 1946 年 4 月 15 日下午宣判，美军法庭判处日军泽田茂中将 5 年刑期，原江湾战俘集中营主任和光勇精上尉 9 年，原日本军事法庭冈田隆平大佐 5 年，立田外次郎 5 年。汉口案件于 1946 年 2 月 28 日宣判，日本陆军三十四军参谋长镝木正隆少将、宪兵分队藤井勉准尉、情报组曹长增井庄造、上等兵白川与三郎、宪兵司令部松井耕一等被判绞刑，4 月 22 日，上述 5 人在提篮桥监狱被执行绞刑。汉口宪兵司令部司令福本龟治被判无期徒刑，酒井定次少佐等 11 人被判刑期不等的徒刑。因美军飞行员荷克少校香港被杀事件，美军军事法庭判日本香港总督田中久一中将、日军执行官福地春南死刑，主审官久保日外中佐、山口教一大佐无期徒刑。上海的其他虐待俘虏案件，如江湾、吴淞集中营的翻译官石原勇，因以灌水、毒打，并以非人道酷刑使人失去知觉等方式虐待美军俘虏，被判无期徒刑。

美军军事法庭设于提篮桥监狱西北角的六层大楼，外观如公寓，五楼有橡皮囚房，四壁均用厚橡皮砌成，以防犯人撞壁自杀。绞刑室位于三楼，架上有巨绳三根，行刑时，将绳拴于犯人颈际，面覆黑布，立于活动板上，将机关扳动后，板即落下，人亦悬空，瞬间毙命。囚房有单人房间，亦有可容四五人的大房间，装有固定铺位，抽水马桶、写字台等具备。1947 年初，美军军事法庭结束审判工作后，此建筑由高等法院看守所接管。

后 记

　　本书是《江湾镇志》特稿的衍生产品，也是虹口区地方志办公室策划的项目。

　　首先感谢虹口区方志办副主任冯谷兰女士，相识七年来，有幸参与她主持的多项虹口地方志项目，如《乍浦路街道志》《上海私立粤东中学档案汇编》《江湾镇志》等，感受其事必躬亲、巨细靡遗的工作风格。同时，近期出版的"爱上北外滩"系列丛书，如《河滨大楼》等四本，《虹口源》等三本，《赴美》等四本，无不凝结着她的智慧和心血。在推进"何以虹口"地方志成果进学校、进医院等品牌活动中，也有她忙碌的身影。

　　上海市档案馆原副馆长邢建榕先生是虹口特聘的审评专家，也是本书得以问世的创意者。作为四十余年的友人，特意为拙稿《序言》进行修改，增添的数笔，提升了江湾历史的高度："近代后，尤其上海独立建市后，原本僻处东北的江湾地区，相较人烟稠密的南市、闸北，具有独特的地理优势和发展空间，在城市化、工业化的道路上一马奔腾，大块的农田、蜿蜒的河流、蒿草旁的坟堆快速消退，代之以四通八达的道路、拔地而起的住宅、书声琅琅的校园。"

　　本书设计者姜明先生是虹口的"御用"大咖，《虹口年鉴2022》荣获国家特等年鉴，也有其设计的重要因素。自24年前的《日本侨民在上海》开始，我们曾有三次愉快的合作机会，期待今后更能得到关照。

本书责任编辑胡雅君女士认真审稿，仔细校对史料，并花费时间寻找历史图片，非常敬业。虹口区方志办为本书提供了诸多照片，季建智、吴斌、金一超等先生以及摄影师方忠麟先生、徐荣蓓女士都为本书的出版提供帮助，在此一并感谢。

陈祖恩

2024 年 4 月 8 日

图书在版编目（CIP）数据

江湾：历史与风景 / 陈祖恩著 . —上海：学林出
版社，2024
ISBN 978-7-5486-1999-4

Ⅰ.① 江… Ⅱ.① 陈… Ⅲ.① 城市规划—研究—上海
Ⅳ.① TU982.251

中国国家版本馆 CIP 数据核字（2024）第 060265 号

责任编辑　胡雅君
特约审读　完颜绍元　茅伯科　陆秉熙
整体设计　姜　明

江湾：历史与风景
陈祖恩　著

出　　版　学林出版社
　　　　　（201101　上海市闵行区号景路 159 弄 C 座）
发　　行　上海人民出版社发行中心
　　　　　（201101　上海市闵行区号景路 159 弄 C 座）
印　　刷　上海颛辉印刷厂有限公司
开　　本　720 × 1000　1/16
印　　张　13
字　　数　14 万
版　　次　2024 年 5 月第 1 版
印　　次　2025 年 5 月第 2 次印刷
ISBN 978-7-5486-1999-4/K · 244
定　　价　88.00 元

（如发生印刷、装订质量问题，读者可向工厂调换）